66 매일 성장하는 **초등 자기개발서** **99**

ⓦ 완자

공부력

ⓠ 왜 공부력을 키워야 할까요?

쓰기력

정확한 의사소통의 기본기이며 논리의 바탕

연필을 잡고 종이에 쓰는 것을 괴로워한다!
맞춤법을 몰라 정확한 쓰기를 못한다!
말은 잘하지만 조리 있게 쓰는 것이 어렵다!
그래서 글쓰기의 기본 규칙을 정확히 알고
써야 공부 능력이 향상됩니다.

어휘력

교과 내용 이해와 독해력의 기본 바탕

어휘를 몰라서 수학 문제를 못 푼다!
어휘를 몰라서 사회, 과학 내용 이해가 안 된다!
어휘를 몰라서 수업 내용을 따라가기 어렵다!
그래서 교과 내용 이해의 기본 바탕을
다지기 위해 어휘 학습을 해야 합니다.

독해력

모든 교과 실력 향상의 기본 바탕

글을 읽었지만 무슨 내용인지 모른다!
글을 읽고 이해하는 데 시간이 오래 걸린다!
읽어서 이해하는 공부 방식을 거부하려고 한다!
그래서 통합적 사고력의 바탕인 독해 공부로
교과 실력 향상의 기본기를 닦아야 합니다.

계산력

초등 수학의 핵심이자 기본 바탕

계산 과정의 실수가 잦다!
계산을 하긴 하는데 시간이 오래 걸린다!
계산은 하는데 계산 개념을 정확히 모른다!
그래서 계산 개념을 익히고 속도와 정확성을
높이기 위한 훈련을 통해 계산력을 키워야 합니다.

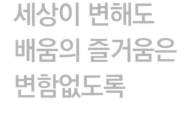

세상이 변해도
배움의 즐거움은
변함없도록

시대는 빠르게 변해도
배움의 즐거움은
변함없어야 하기에

어제의 비상은
남다른 교재부터
결이 다른 콘텐츠
전에 없던 교육 플랫폼까지

변함없는 혁신으로
교육 문화 환경의 새로운 전형을
실현해왔습니다.

비상은 오늘, 다시 한번
새로운 교육 문화 환경을 실현하기 위한
또 하나의 혁신을 시작합니다.

오늘의 내가 어제의 나를 초월하고
오늘의 교육이 어제의 교육을 초월하여
배움의 즐거움을 지속하는 혁신,

바로, 메타인지 기반 완전 학습을.

상상을 실현하는 교육 문화 기업 비상

메타인지 기반 완전 학습

초월을 뜻하는 meta와 생각을 뜻하는 인지가 결합한 메타인지는
자신이 알고 모르는 것을 스스로 구분하고 학습계획을 세우도록 하는
궁극의 학습 능력입니다. 비상의 메타인지 기반 완전 학습 시스템은
잠들어 있는 메타인지를 깨워 공부를 100% 내 것으로 만들도록 합니다.

완자

공부력

초등 한국사 독해
인물편 3

초등 한국사 독해 인물편 한눈에 보기

특징과 활용법

하루 4쪽 공부하기

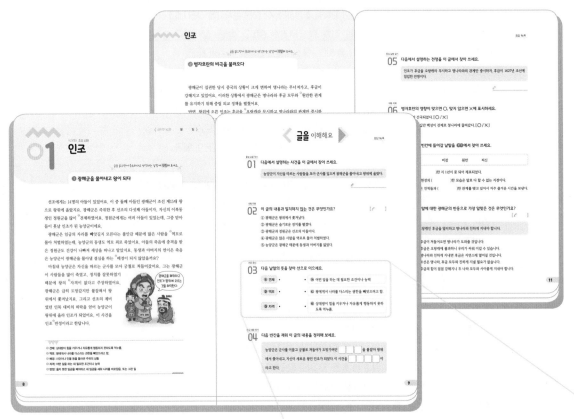

※ 글을 읽고 문제를 풀면서
독해 능력을 키워요.
※ 글의 흐름을 파악하면서 한국사
주요 사건에 대한 지식을 습득해요.

※ 글에 나온 한국사 어휘를 다양한
문제를 통해 재미있게 익혀요.

- 책으로 하루 4쪽 공부하며, 초등 독해력을 키워요!
- 모바일앱으로 공부한 내용을 복습하고 몬스터를 잡아요!

공부한 내용 확인하기

✳ 20일 동안 공부한 내용을 정리 💡 해 보며 자기의 실력을 확인해요.

모바일앱으로 복습하기

앱 다운받기

책 인증하기

✳ 그날 배운 내용을 바로바로, 또는 주말에 모아서 복습하고, 다이아몬드 획득까지! 💎 공부가 저절로 즐거워져요!

차례

우리도 하루 4쪽 공부 습관!
스스로 공부하는 힘을
키워 볼까요?

큰 습관이
지금은 그 친구를 이끌고 있어요.
매일매일의 좋은 습관은 우리를 좋은
곳으로 이끌어줄 거예요.

한 친구가
작은 습관을 만들었어요.

매일매일의 시간이 흘러
작은 습관은 큰 습관이 되었어요.

| 시대 | 조선 시대

인조

글을 읽으면서 중요하다고 생각하는 낱말에 색칠해 보세요.

❶ 광해군을 몰아내고 왕이 되다

선조에게는 14명의 아들이 있었어요. 이 중 둘째 아들인 광해군이 조선 제15대 왕으로 왕위에 올랐지요. 광해군은 즉위한 후 선조의 다섯째 아들이자, 자신의 이복동생인 정원군을 많이 ^❶견제하였어요. 정원군에게는 여러 아들이 있었는데, 그중 맏아들이 훗날 인조가 된 능양군이에요.

광해군은 임금의 자리를 빼앗길지 모른다는 불안감 때문에 많은 사람을 ^❷역모로 몰아 처벌하였는데, 능양군의 동생도 역모 죄로 죽었어요. 아들의 죽음에 충격을 받은 정원군도 건강이 나빠져 세상을 떠나고 말았지요. 동생과 아버지의 연이은 죽음은 능양군이 광해군을 몰아낼 결심을 하는 ^❸배경이 되지 않았을까요?

마침내 능양군은 자신을 따르는 군사를 모아 궁궐로 쳐들어갔어요. 그는 광해군이 사람들을 많이 죽였고, 정치를 잘못하였기 때문에 왕의 ^❹자격이 없다고 주장하였어요. 광해군은 급히 도망갔지만 붙잡혀서 왕위에서 쫓겨났지요. 그리고 선조의 계비였던 인목 대비의 허락을 얻어 능양군이 왕위에 올라 인조가 되었어요. 이 사건을 인조 ^❺반정이라고 한답니다.

광해군을 폐위하고 인조가 왕위에 오르는 것을 허락한다.

❶ **견제**: 상대방이 힘을 키우거나 자유롭게 행동하지 못하도록 억누름.
❷ **역모**: 왕에게서 나라를 다스리는 권한을 빼앗으려고 함.
❸ **배경**: 사건이나 인물 등을 둘러싼 주위의 상황
❹ **자격**: 어떤 일을 하는 데 필요한 조건이나 능력
❺ **반정**: 옳지 못한 임금을 폐위하고 새 임금을 세워 나라를 바로잡음. 또는 그런 일

중심 낱말 찾기

01 다음에서 설명하는 사건을 이 글에서 찾아 쓰세요.

> 능양군이 자신을 따르는 사람들을 모아 군사를 일으켜 광해군을 몰아내고 왕위에 올랐다.

✎ _____

내용 이해

02 이 글의 내용과 일치하지 <u>않는</u> 것은 무엇인가요?　　[✎　　]

① 광해군은 왕위에서 쫓겨났다.

② 광해군은 슬기로운 정치를 펼쳤다.

③ 광해군과 정원군은 선조의 아들이다.

④ 광해군은 많은 사람을 역모로 몰아 처벌하였다.

⑤ 능양군은 광해군 때문에 동생과 아버지를 잃었다.

어휘 확인

03 다음 낱말의 뜻을 찾아 선으로 이으세요.

1 견제 •　　• ㄱ 어떤 일을 하는 데 필요한 조건이나 능력

2 역모 •　　• ㄴ 왕에게서 나라를 다스리는 권한을 빼앗으려고 함.

3 자격 •　　• ㄷ 상대방이 힘을 키우거나 자유롭게 행동하지 못하도록 억누름.

중심 내용 찾기

04 다음 빈칸을 채워 이 글의 내용을 정리해 보세요.

> 능양군은 군사를 이끌고 궁궐로 쳐들어가 도망가려던 ☐☐☐ 을 붙잡아 왕위
>
> 에서 쫓아내고, 자신이 새로운 왕인 인조가 되었다. 이 사건을 ☐☐☐☐ 이
>
> 라고 한다.

인조

글을 읽으면서 중요하다고 생각하는 낱말에 색칠해 보세요.

② 병자호란의 비극을 불러오다

광해군이 집권한 당시 중국의 상황이 크게 변하여 명나라는 무너져가고, 후금이 강해지고 있었어요. 이러한 상황에서 광해군은 명나라와 후금 모두와 ^⑥원만한 관계를 유지하기 위해 중립 외교 정책을 펼쳤어요.

반면, 왕위에 오른 인조는 후금을 ^⑦오랑캐라 무시하고 명나라와의 관계만 중시하였어요. 그러자 후금은 1627년 조선에 쳐들어와 정묘호란을 일으켰어요. 조선은 후금에 맞서 싸웠으나 패하였고, 후금과 형제 관계를 맺기로 하고 전쟁을 끝냈어요.

정묘호란 이후 후금은 세력을 더 키워 나라 이름을 '청'으로 바꾸고 조선에 신하의 나라가 되라고 요구하였어요. 조선이 청나라의 요구를 거절하자 청나라가 조선에 다시 쳐들어왔는데, 이를 병자호란이라고 해요. 청나라의 침입에 놀란 인조는 남한산성으로 ^⑧피신한 뒤 청나라에 맞섰어요. 그러나 남한산성에는 전쟁 준비가 되어 있지 않았고 식량도 부족하였지요. 청군이 남한산성을 포위하고 압박하자, 인조는 청나라에 항복하기로 결정하였어요. 그는 청나라의 군대가 있는 삼전도로 나가 청나라 황제에게 세 번 절하고 아홉 번 머리를 ^⑨조아리는 굴욕적인 항복 의식을 치렀어요. 게다가 수십만 명의 백성들이 강제로 청나라로 끌려가 ^⑩비참한 생활을 하게 되었답니다.

이런 치욕을 겪다니!

청나라 황제

인조

---

⑥ **원만하다:** 서로 사이가 좋다.

⑦ **오랑캐:** 다른 민족을 낮잡아 부르는 말

⑧ **피신:** 위험을 피하여 몸을 숨김.

⑨ **조아리다:** 상대편에게 존경의 뜻을 보이거나 애원하느라고 이마가 바닥에 닿을 정도로 머리를 자꾸 숙이다.

⑩ **비참:** 더할 수 없이 슬프고 끔찍함.

중심 낱말 찾기

05 다음에서 설명하는 전쟁을 이 글에서 찾아 쓰세요.

인조가 후금을 오랑캐라 무시하고 명나라와의 관계만 중시하자, 후금이 1627년 조선에 침입한 전쟁이다.

✎ _____

내용 이해

06 병자호란의 영향이 맞으면 ◯, 맞지 않으면 ✕에 표시하세요.

❶ 후금이 건국되었다. [◯ / ✕]

❷ 조선의 수십만 백성이 강제로 청나라에 끌려갔다. [◯ / ✕]

어휘 확인

07 다음 문장의 빈칸에 들어갈 낱말을 보기 에서 찾아 쓰세요.

보기

| 비참 | 원만 | 피신 |

❶ 범인은 ( )한 지 1년이 못 되어 체포되었다.

❷ 폭발 사고 현장의 ( )한 모습은 말로 다 할 수 없는 지경이다.

❸ 우리 가족은 친척들과 ( )한 관계를 맺고 있어서 자주 즐거운 시간을 보낸다.

내용 추론

08 다음 인조의 말에 대한 광해군의 반응으로 가장 알맞은 것은 무엇인가요?

[✎]

인조 오랑캐인 후금을 멀리하고 명나라와 친하게 지내야 합니다.

① 맞습니다. 후금이 쳐들어오면 명나라가 도와줄 것입니다.

② 맞습니다. 후금은 오랑캐에 불과하니 우리가 싸워 이길 수 있습니다.

③ 맞습니다. 명나라와 친하게 지내면 후금은 자연스레 멀어질 것입니다.

④ 아닙니다. 조선은 명나라, 후금 모두와 친하게 지낼 필요가 없습니다.

⑤ 아닙니다. 후금의 힘이 점점 강해지니 두 나라 모두와 사이좋게 지내야 합니다.

|시대| 조선 시대

최명길

글을 읽으면서 중요하다고 생각하는 낱말에 색칠해 보세요.

❶ 청나라와의 강화를 주장하다

최명길은 인조를 국왕으로 만든 ❶공신 중 한 사람이었어요. 그래서 인조가 왕이 된 이후 중요한 벼슬을 하며 출세의 길을 달렸지요. 최명길은 인조반정을 이끈 핵심 인물이었음에도 청나라가 조선에 신하의 예를 갖출 것을 요구하였을 때 청나라와의 ❷강화를 주장하였어요. 당시 청나라가 매우 ❸강성하였기 때문이에요. 하지만 인조와 김상헌 등 대다수의 신하들은 명나라와의 ❹의리를 지키기 위해서는 청나라와의 싸움도 ❺각오해야 한다고 하였어요. 결국 1636년 병자호란이 일어났지요.

최명길은 이 전쟁에서 조선이 승리할 수 없음을 알아차렸어요. 그의 예상대로 청군은 압록강을 건넌 지 6일 만에 한성까지 왔고, 인조는 남한산성으로 겨우 피신하였지요. 남한산성에서 포위당한 조선 정부는 청나라와 계속 싸울 것인지, 강화를 맺을 것인지 결정해야 하였어요. 최명길은 이때에도 강화를 주장하였어요. 청나라와 싸워 이길 힘이 없는데, 계속 싸웠다가는 나라가 망하고 백성들이 죽을 것이기 때문이었어요. 결국 인조가 청나라에 항복함으로써 전쟁은 겨우 끝이 났답니다.

❶ **공신**: 나라를 위하여 특별한 공을 세운 신하
❷ **강화**: 싸우던 두 편이 싸움을 그치고 평화로운 상태가 됨.
❸ **강성**: 힘이 강하고 번성함.
❹ **의리**: 상대방과의 관계에서 지켜야 할 도리
❺ **각오**: 앞으로 해야 할 일이나 겪을 일에 대한 마음의 준비

01 다음에서 설명하는 사건을 이 글에서 찾아 쓰세요.

> 1636년에 청나라가 조선을 침입하여 일어난 전쟁이다. 전쟁이 일어나자 인조는 남한산성으로 피신하였고 결국 청나라에 항복하였다.

✎ _____

02 이 글의 내용과 일치하면 ◯, 일치하지 않으면 ✕에 표시하세요.

1 최명길은 청나라와의 강화를 주장하였다. [◯/✕]

2 청나라가 쳐들어왔을 때 인조는 끝까지 한양을 지켰다. [◯/✕]

3 남한산성에서 조선은 청나라에 항복할 것을 결정하였다. [◯/✕]

03 다음 낱말의 뜻을 찾아 선으로 이으세요.

1 각오 •

2 강화 •

3 의리 •

• ㄱ 상대방과의 관계에서 지켜야 할 도리

• ㄴ 싸우던 두 편이 싸움을 그치고 평화로운 상태가 됨.

• ㄷ 앞으로 해야 할 일이나 겪을 일에 대한 마음의 준비

04 다음 빈칸을 채워 이 글의 내용을 정리해 보세요.

> 최명길은 청나라와의 전쟁을 막기 위해 ☐☐ 를 주장하였지만, 인조는 이를 받아들이지 않았다. 청나라가 조선을 침입하여 ☐☐☐☐ 이 일어나자 인조는 ☐☐☐☐ 으로 피신하여 항전하였지만 결국 항복하였다.

최명길

글을 읽으면서 중요하다고 생각하는 낱말에 색칠해 보세요.

② 선비들의 비판을 받다

> 항복해서라도 나라와 백성을 지켜야 해.

가 병자호란이 일어났을 때 최명길은 청나라에 항복한다는 문서를 직접 썼어요. 최명길은 항복을 해서라도 나라와 백성을 지켜야 한다고 생각하였기 때문이에요. 그러나 당시에 많은 선비는 명나라에 대한 의리를 지켜야 한다고 생각하였어요. 설사 청나라가 쳐들어와 나라가 망하더라도 말이지요. 그래서 청나라와의 강화를 주장한 최명길은 선비들로부터 많은 ⁶비판을 받았어요.

나 최명길이 죽은 후에도 조선의 선비들 사이에서 그에 대한 ⁷논란이 계속되었답니다. 나라의 위기를 잘 극복하게 하였다는 좋은 ⁸평가도 있었어요. 그러나 다수의 선비들은 명나라의 은혜를 배신하고 오랑캐에게 나라를 팔아먹었다며 최명길을 비판하였지요. 그래서 최명길은 후대의 선비들에게 ⁹소인배라고 불리기도 하였어요.

다 그러나 오늘날에는 최명길을 높이 평가하는 사람도 많아요. 그 이유는 선비들의 비판을 견디면서 나라를 구하기 위해 노력하였고, 결과적으로 전쟁을 끝내는 데 큰 ⑩역할을 하였기 때문이에요. 이렇듯 역사적 인물에 대한 평가는 시대와 사람에 따라 달라질 수 있답니다.

---

⑥ **비판**: 옳고 그름을 판단하여 밝히거나 잘못된 점을 지적함.
⑦ **논란**: 여럿이 서로 다른 주장을 내며 다툼.
⑧ **평가**: 사물의 가치나 수준 등을 평함.
⑨ **소인배**: 마음 씀씀이가 좁고 간사한 사람들
⑩ **역할**: 자기가 맡아서 해야 할 직책이나 임무

05 각 문단의 중심 낱말을 찾아 쓰세요.

가 문단: 많은 선비에게 [ ][ ] 을 받았던 최명길

나 문단: 최명길을 둘러싼 선비들 사이의 [ ][ ]

다 문단: 오늘날 최명길에 대한 [ ][ ]

내용 이해

06 최명길이 청나라에 항복한다는 문서를 쓴 까닭으로 알맞은 것은 무엇인가요?

[✎]

① 나라와 백성을 지키기 위해서

② 청나라에 은혜를 갚기 위해서

③ 자신이 조선의 왕이 되기 위해서

④ 명나라에 대한 의리를 지키기 위해서

⑤ 자신에 대한 선비들의 논란을 잠재우기 위해서

어휘 확인

07 다음 뜻을 나타내는 낱말을 쓰세요.

1 사물의 가치나 수준 등을 평함. [ ][ ]

2 여럿이 서로 다른 주장을 내며 다툼. [ ][ ]

3 옳고 그름을 판단하여 밝히거나 잘못된 점을 지적함. [ ][ ]

내용 추론

08 최명길을 비판한 선비들의 생각으로 알맞은 것은 무엇인가요?

[✎]

① 명나라, 청나라 모두와 친하게 지내자.

② 청나라에 항복해서라도 나라를 지키자.

③ 전쟁을 막기 위해 청나라와 강화를 하자.

④ 명나라의 힘이 약해졌으므로 명나라의 은혜를 배신하자.

⑤ 청나라가 쳐들어오더라도 명나라에 대한 의리를 지키자.

| 시대 | 조선 시대

안용복

글을 읽으면서 중요하다고 생각하는 낱말에 색칠해 보세요.

❶ 울릉도와 독도를 지키다

조선 시대에 울릉도와 독도에는 사람이 살지 않았어요. 가끔씩 조선 어부들이 ❶어업만 하였지요. 이 틈을 타 일본 어부들이 이곳에서 몰래 어업 활동을 하였어요. 어느 날 안용복은 울릉도에서 물고기를 잡다가 이곳에서 고기잡이를 하는 일본 어부들을 발견

왜 조선의 바다에서 고기잡이를 하느냐!

하게 되었지요. 그는 일본 어부들에게 왜 남의 나라에서 고기잡이를 하느냐고 ❷항의하였어요. 그러다 일본 어부들에게 잡혀 일본으로 끌려가고 말았어요.

일본 관리에게 조사를 받게 된 안용복은 울릉도와 독도는 조선의 땅이며, 자신을 일본에 끌고 온 것은 잘못된 일이라고 당당히 말하였어요. 결국 일본 정부에서도 안용복의 주장을 받아들여 울릉도와 독도는 일본 땅이 아니라는 ❸공식 문서를 써 주었지요.

게다가 안용복 일을 ❹계기로, 조선 정부와 일본 정부는 새로운 ❺협상을 하였어요. 바로 일본 정부가 울릉도와 독도를 조선의 영토로 인정하고, 이곳에서 일본 어부들이 활동하는 것을 금지한다는 내용이었지요. 이 협상은 울릉도와 독도가 조선의 고유 영토임을 확인한 아주 중요한 결정이었답니다.

❶ **어업**: 돈을 벌 목적으로 물고기, 조개 등을 잡거나 기르는 일
❷ **항의**: 못마땅한 생각이나 반대의 뜻을 주장함.
❸ **공식**: 국가적이나 사회적으로 인정된 공적인 방식
❹ **계기**: 어떤 일이 일어나거나 변화하도록 만드는 결정적인 원인이나 기회
❺ **협상**: 어떤 목적에 맞는 결정을 하기 위하여 서로 의논함.

01 이 글의 내용과 일치하도록 괄호 안의 낱말 중 알맞은 것에 ◯표 하세요.

❶ 안용복은 조선 영토인 [대마도, 울릉도]에서 어업을 하는 일본 어부들에게 항의하였다.

❷ 일본 정부는 조선 정부와의 협상을 통해 울릉도와 독도가 [일본, 조선]의 영토임을 인정하였다.

02 이 글의 내용과 일치하는 것은 무엇인가요? [✎]

① 안용복은 일본에 가서 물고기를 잡았다.

② 조선 시대에는 독도에 사람이 많이 살았다.

③ 일본 정부는 안용복의 주장을 받아들이지 않았다.

④ 일본에서 안용복은 울릉도와 독도가 우리 땅임을 주장하였다.

⑤ 조선 정부는 울릉도에서 일본 어부들이 활동하는 것을 허락하였다.

03 다음 뜻을 나타내는 낱말을 쓰세요.

❶ 못마땅한 생각이나 반대의 뜻을 주장함. ☐☐

❷ 어떤 목적에 맞는 결정을 하기 위하여 서로 의논함. ☐☐

❸ 돈을 벌 목적으로 물고기, 조개 등을 잡거나 기르는 일 ☐☐

❹ 어떤 일이 일어나거나 변화하도록 만드는 결정적인 원인이나 기회 ☐☐

04 다음 빈칸을 채워 이 글의 내용을 정리해 보세요.

안용복은 조선 영토에서 어업을 하는 일본 어부들을 보고 울릉도와 ☐☐ 가 조선의 땅이라고 항의하다가 일본까지 끌려가 조사를 받았다. 이후 조선 정부와 협상을 한 ☐☐ 정부는 울릉도와 ☐☐ 를 조선의 영토로 인정하고 이곳에서 일본 어부들이 활동하는 것을 금지하기로 하였다.

안용복

글을 읽으면서 중요하다고 생각하는 낱말에 색칠해 보세요.

ㄹ 고난을 겪다

가 안용복이 일본에 건너가 울릉도와 독도가 우리 영토임을 확인받고 돌아왔을 때, 그에게 내려진 것은 상이 아닌 처벌이었어요. 그는 억울함을 ⑥호소하였지만 허락 없이 ⑦국경을 넘어간 죄로 ⑧곤장을 백 대나 맞았지요.

나 그로부터 3년 뒤 안용복은 울릉도에서 여전히 어업 활동을 하는 일본 어부들을 보았어요. 이에 안용복은 또다시 일본으로 건너가 일본 정부에 강하게 항의하였지요. 그 결과 일본인이 독도에 가지 못하게 한다는 내용의 문서를 받아왔어요.

다 그러나 조선에 돌아온 안용복은 허락 없이 일본을 드나들고 관원인 것처럼 행동하였다는 이유로 ⑨유배에 처해졌어요. 그 이후 안용복이 어떻게 되었는지는 알 수 없어요. 그의 나이, 죽음 등에 대한 정확한 기록이 남아 있지 않기 때문이에요.

라 안용복은 우리나라 역사에서 독도와 관련이 깊은 사람 중 한 명이에요. 울릉도와 독도가 조선 땅이라는 사실을 ⑩명시한 문서를 남길 수 있었던 데는 안용복의 공이 컸지요. 두 차례나 일본에 건너가 우리 영토를 지키기 위해 노력한 안용복은 뛰어난 용기와 애국심을 가진 인물이었답니다.

독도는 우리나라 제일 동쪽에 있는 영토랍니다!

---

⑥ **호소**: 억울하거나 딱한 사정을 남에게 간곡히 알림.
⑦ **국경**: 나라와 나라의 영역을 가르는 경계
⑧ **곤장**: 나무로 길고 넓적하게 만들어 죄인의 볼기를 때리던 기구
⑨ **유배**: 죄인을 먼 시골이나 섬으로 보내어 일정한 기간 동안 그곳에서만 살게 하던 형벌
⑩ **명시**: 분명하게 드러내 보임.

중심 낱말 찾기

05 각 문단의 중심 낱말을 찾아 쓰세요.

가 문단: 허락 없이 ☐☐ 을 넘은 죄로 벌을 받은 안용복

나 문단: 한 번 더 ☐☐ 으로 건너간 안용복

다 문단: 조선에 돌아와 ☐☐ 에 처해진 안용복

라 문단: 용기와 애국심을 가지고 울릉도와 ☐☐ 를 지키고자 노력한 안용복

내용 이해

06 이 글을 읽고 알 수 있는 내용으로 알맞지 <u>않은</u> 것은 무엇인가요? [✎   ]

① 안용복이 태어난 연도

② 안용복이 한 일의 의의

③ 안용복이 받은 처벌의 내용

④ 안용복이 처벌을 받은 이유

⑤ 안용복이 일본에 또다시 건너간 이유

어휘 확인

07 다음 낱말의 뜻을 찾아 선으로 이으세요.

1 국경 •

2 명시 •

3 호소 •

• **ㄱ** 분명하게 드러내 보임.

• **ㄴ** 나라와 나라의 영역을 가르는 경계

• **ㄷ** 억울하거나 딱한 사정을 남에게 간곡히 알림.

내용 추론

08 이 글을 읽고 느낀 점을 바르게 말한 어린이는 누구인지 쓰세요.

대현 허락 없이 국경을 넘어간 안용복은 처벌받아 마땅해.

영주 가치가 있는 땅이라면 일본처럼 남의 영토라도 빼앗고자 할 수 있는 거야.

은서 두 차례나 일본으로 건너가 우리 영토를 지키려 노력한 안용복의 용기를 본받아야겠어.

✎ _____

| 시대 | 조선 시대

04 영조

글을 읽으면서 중요하다고 생각하는 낱말에 색칠해 보세요.

❶ 탕평책을 실시하다

영조는 조선의 임금들 중에서 가장 오래 살았고, 재위 기간도 52년으로 가장 길었어요. 영조는 재위 기간에 농업을 ❶장려하고 ❷민생을 위한 법을 많이 만들어 백성들의 삶을 안정시켰어요. 학문을 좋아하여 『동국문헌비고』 등 많은 책을 편찬하였으며, 정치의 문제점을 해결하기 위해서도 많은 노력을 기울였지요.

당시 조선의 정치는 ❸붕당 간의 다툼이 아주 심하였어요. 다툼에서 패배한 붕당의 사람들은 목숨을 잃기도 하였지요. 그래서 각 붕당은 살아남기 위해 더욱 심하게 싸우게 되었답니다.

영조는 왕이 되는 과정에서 노론이라는 붕당의 도움을 받았지만, 정치를 안정시키기 위해서는 각 붕당 간의 갈등을 줄여야 한다고 생각하였어요. 그래서 각 붕당에서 고르게 인재를 ❹등용하는 정책을 펼쳤어요. 이것을 탕평책이라고 해요. 영조는 붕당 간의 싸움을 막겠다는 의지를 담아 성균관 입구에 탕평비를 세웠어요. 영조의 노력으로 여러 붕당의 인물들이 골고루 정치에 참여하였고, 붕당 간의 다툼을 어느 정도 ❺완화할 수 있었답니다.

---

❶ **장려**: 좋은 일에 힘쓰도록 북돋아 줌.

❷ **민생**: 일반 백성의 생활

❸ **붕당**: 조선 시대에, 이념과 이해에 따라 이루어진 사림의 집단을 이르던 말

❹ **등용**: 인재를 뽑아서 씀.

❺ **완화**: 긴장된 상태를 느슨하게 함.

중심 낱말 찾기

01 다음에서 설명하는 정책을 이 글에서 찾아 쓰세요.

> 영조가 붕당 간의 싸움을 막기 위하여 각 붕당에서 고르게 인재를 등용하였던 정책이다.

내용 이해

02 이 글을 읽고 알 수 있는 내용으로 알맞지 <u>않은</u> 것은 무엇인가요? [✎   ]

① 탕평책의 의미   ② 영조의 가족 관계

③ 영조의 재위 기간   ④ 붕당 간의 심한 다툼

⑤ 영조가 왕이 될 때 도움을 준 붕당

어휘 확인

03 다음 문장의 빈칸에 들어갈 낱말을 보기에서 찾아 쓰세요.

> **보기**
>
> 민생   완화   장려

1 어머니는 줄곧 나에게 저축을 (   )하셨다.

2 남북 정상 회담으로 남북 간의 긴장이 (   )되었다.

3 정치가들은 (   ) 문제를 우선적으로 해결해야 한다.

내용 추론

04 영조의 탕평책을 바르게 평가한 어린이는 누구인지 쓰세요.

> 소현   정치 세력의 균형을 꾀하였어.
>
> 재민   노론을 성장시키려는 정책이었어.
>
> 현준   전쟁의 위기를 모면하려는 목적이 있었어.

영조

글을 읽으면서 중요하다고 생각하는 낱말에 색칠해 보세요.

② 아들을 죽인 비극의 왕

가 영조는 백성들을 위한 정치를 펼쳤고, 탕평책을 통해 붕당의 다툼도 어느 정도 ^⑥해결하였어요. 그래서 지금도 훌륭한 왕으로 평가받고 있지요. 하지만 아들인 사도 세자를 스스로 죽인 ^⑦비극을 겪은 왕이기도 하답니다.

나 사도 세자는 왕실의 기대를 한 몸에 받으며 성장하였어요. 하지만 그가 글공부에 별로 관심을 가지지 않자, 아버지인 영조는 아들을 자주 혼냈고 아들은 아버지를 피하게 되었지요. 이러한 ^⑧갈등은 사도 세자가 어른이 되자 더욱 심해졌어요. 영조의 심한 꾸짖음으로 사도 세자는 마음의 병을 얻게 되었어요.

다 당시 모든 권력을 차지하고 있었던 노론도 사도 세자에 대해 사사건건 트집을 잡고 모함을 하였어요. 그럴수록 사도 세자는 궁궐 내에서 칼을 휘둘러 궁녀를 죽이거나, 백성들의 돈을 빼앗는 등 점점 비정상적인 행동들을 하였어요. 영조의 ^⑨분노와 ^⑩고민은 깊어져 갔어요. 결국 영조는 사도 세자에게 벌을 내리기로 결심하였지요. 곡식을 담아 두는 뒤주 속에 사도 세자를 가둔 것이에요. 뒤주에 갇힌 사도 세자는 8일 만에 굶어 죽고 말았어요. 이 사건은 조선 왕실의 가장 비극적인 사건 중 하나로 기억되고 있답니다.

사도 세자를 뒤주에 가두고 아무 것도 주지 마라.

---

⑥ **해결:** 제기된 문제나 얽힌 일을 잘 처리함.

⑦ **비극:** 인생의 슬픈 일을 당하여 불행한 경우를 이르는 말

⑧ **갈등:** 개인이나 집단 사이에 목표나 이해관계가 달라 서로 적대시하거나 충돌함.

⑨ **분노:** 화가 나서 성을 냄.

⑩ **고민:** 마음속으로 괴로워하고 애를 태움.

중심 낱말 찾기

05 각 문단의 중심 낱말을 찾아 쓰세요.

가 문단: 지금도 훌륭한 왕으로 평가받는 ☐☐

나 문단: 영조의 심한 꾸짖음으로 마음의 병을 얻은 ☐☐☐

다 문단: 사도 세자를 ☐☐ 속에 가두어 죽게 한 영조

내용 이해

06 이 글을 읽고 알 수 있는 내용으로 알맞지 <u>않은</u> 것은 무엇인가요? [🖉   ]

① 사도 세자의 아들
② 사도 세자의 죽음
③ 영조와 사도 세자의 갈등
④ 영조에 대한 오늘날의 평가
⑤ 사도 세자의 비정상적인 행동들

어휘 확인

07 다음 낱말의 뜻을 찾아 선으로 이으세요.

1 갈등 •

2 고민 •

3 비극 •

• ㄱ 마음속으로 괴로워하고 애를 태움.

• ㄴ 인생의 슬픈 일을 당하여 불행한 경우를 이르는 말

• ㄷ 개인이나 집단 사이에 목표나 이해관계가 달라 서로 적대시하거나 충돌함.

중심 내용 찾기

08 다음 빈칸을 채워 이 글의 내용을 정리해 보세요.

영조는 아들인 사도 세자를 자주 혼냈는데 ☐☐☐☐와의 갈등이 점점 심해지자 사도 세자를 뒤주 속에 가두어 굶어 죽게 하였다. 이 사건은 조선 왕실의 가장 ☐☐적인 사건 중 하나로 기억되고 있다.

|시대| 조선 시대

05 정조

글을 읽으면서 중요하다고 생각하는 낱말에 색칠해 보세요.

❶ 개혁 정치를 펼치다

조선 제22대 왕인 정조는 사도 세자의 아들이에요. 정조는 ^❶세손이었지만 아버지가 죄인으로 죽음을 맞았기 때문에 왕위에 오르는 과정은 쉽지 않았어요. 그렇지만 많은 어려움을 극복하고 정조는 25세의 나이에 영조의 뒤를 이어 왕위에 올랐답니다. 그리고 여러 가지 ^❷개혁 정치를 펼쳐 나갔어요.

정조는 할아버지인 영조의 탕평책을 ^❸계승하였어요. 그동안 정치에서 ^❹소외된 세력을 등용하여 정치에 참여하도록 하였지요. 그리고 상인들의 자유로운 활동을 보장하여 상업의 발전을 이루려고 하였어요.

또한 정조는 왕실 도서관인 규장각을 만들었어요. 규장각에서는 훌륭한 정치를 펼치기 위한 방법을 연구하고, 많은 책들을 ^❺체계적으로 정리하였어요. 그리고 정조는 능력이 뛰어나지만 ^❻서자라는 신분 때문에 차별받던 사람들을 규장각에 등용하였어요. 이를 기반으로 정조 시기에 규장각은 정치적, 문화적으로 매우 중요한 역할을 하게 되었답니다.

능력이 있는 젊은이들을 규장각에 모아 인재를 키워야겠어.

규장각

---

❶ **세손**: 다음 왕이 될 왕자의 맏아들

❷ **개혁**: 제도나 기구 등을 새롭게 뜯어고침.

❸ **계승**: 조상의 전통이나 업적 등을 물려받아 이어 나감.

❹ **소외**: 어떤 무리에서 따돌리거나 기피하여 멀리함.

❺ **체계적**: 일정한 원리에 따라서 낱낱의 부분이 짜임새 있게 조직되어 통일된 전체를 이루는 것

❻ **서자**: 양반이 정식 부인이 아닌 다른 평민 백성에게서 낳은 아들

중심 낱말 찾기
01 다음에서 설명하는 기구를 이 글에서 찾아 쓰세요.

> 정조 때 만들어진 왕실 도서관이다. 이곳에서는 훌륭한 정치를 펼치기 위한 방법을 연구하고, 많은 책들을 체계적으로 정리하였다.

✎ _____

내용 이해
02 이 글의 내용과 일치하지 않는 것은 무엇인가요? [✎]

① 정조는 사도 세자의 아들이다.
② 정조는 영조의 탕평책을 계승하였다.
③ 정조는 영조의 뒤를 이어 왕위에 올랐다.
④ 정조는 규장각에 서자 출신을 등용하였다.
⑤ 정조는 상인들의 자유로운 상업 활동을 막았다.

어휘 확인
03 다음 대화에서 빈칸에 공통으로 들어갈 낱말로 알맞은 것은 무엇인가요? [✎]

정조는 많은 어려움을 극복하고 왕위를 (   )하였어.

그렇구나! 정조는 붕당 사이의 싸움을 막기 위해 영조의 탕평책도 (   )하였지.

① 개혁   ② 계승   ③ 등용   ④ 발전   ⑤ 소외

중심 내용 찾기
04 다음 빈칸을 채워 이 글의 내용을 정리해 보세요.

> 사도 세자의 아들이며 영조의 뒤를 이어 왕이 된 정조는 ☐☐☐을 계승하고 규장각을 만드는 등 여러 가지 ☐☐ 정치를 펼쳤다.

정조

② 수원 화성에 담긴 정조의 꿈

효심이 깊었던 정조는 아버지 사도 세자의 무덤을 풍수지리에 있어 길한 장소로 여겨진 수원의 화산으로 옮겼어요. 그리고 이를 계기로 수원에 화성을 쌓았지요. 정조는 수원을 한양 다음가는 큰 도시로 만들고, ㉠ 자신의 정치를 펼칠 중심지로 삼고자 하였답니다.

수원 화성은 건설하는 데 10년 정도 걸릴 거라 예상하였어요. 그런데 뛰어난 건축 기술이 ❼도입되면서 빠른 속도로 건설 되어 3년이 채 되기 전에 완성되었어요. 정확한 설계도가 있었고, 정약용이 만든 ❽거중기, ❾녹로와 같은 새로운 기구들이 공사에 사용된 덕분이지요. 성을 쌓는 사람들 에게 일한 만큼 돈을 지급한 것도 건축 기간을 단축하는 데 한 몫 하였어요.

> 녹로가 무거운 돌을 옮기는 데 도움이 되는군.

녹로

정조는 수원 화성을 쌓으면서 주변에 농장과 ❿저수지를 만들고 새로운 농사 방법 을 ⓫시험하였어요. 상인들의 자유로운 활동을 위한 여러 정책을 펼쳐 수원을 상업 도시로 만들려고도 하였지요. 또한 정조는 장용영이라는 군사들을 훈련시켜 자신을 호위하도록 하였어요. 이처럼 정조는 수원에서 자신의 여러 정책을 시험하고, 이곳 을 자신의 개혁을 뒷받침하는 도시로 키워 나갔답니다.

---

❼ **도입**: 기술이나 방법 등을 끌어 들임.

❽ **거중기**: 예전에 무거운 물건을 들어 올리는 데에 쓰던 기계로, 주로 큰 건축에 사용함.

❾ **녹로**: 높은 곳이나 먼 곳으로 무엇을 달아 올리거나 끌어당길 때 쓰는 도르래

❿ **저수지**: 물을 모아 두기 위하여 하천이나 골짜기를 막아 만든 큰 못

⓫ **시험**: 사물의 성질이나 기능에 대한 사실을 실제로 경험하여 보는 일

중심 낱말 찾기

05 다음 ㄱ, ㄴ에 들어갈 낱말을 이 글에서 찾아 각각 쓰세요.

정조는 아버지 사도 세자의 무덤을 옮기는 일을 계기로 수원에 (ㄱ   )을 쌓았는데, 이 일에 (ㄴ   )이 만든 거중기와 녹로가 사용되었다.

✏️ ㄱ: ㄴ:

내용 이해

06 이 글의 내용과 일치하면 ○, 일치하지 않으면 ✕에 표시하세요.

❶ 정조는 수원 화성으로 수도를 옮겼다. [○ / ✕]

❷ 정조는 사도 세자의 무덤을 수원으로 옮겼다. [○ / ✕]

❸ 수원 화성을 쌓는 데 거중기 같은 새로운 기구들이 사용되었다. [○ / ✕]

어휘 확인

07 다음 중 '도입'이 들어갈 문장으로 알맞지 않은 것은 무엇인가요? [✏️   ]

① 새로운 이론이 [ ][ ] 되었다.

② 과거 시험에서 새로운 단계가 [ ][ ] 되었다.

③ 나는 취미가 다른 친구들에게서 [ ][ ] 되었다.

④ 이번 공사에는 첨단 장비를 [ ][ ] 하기로 하였다.

⑤ 삼국 시대에 불교가 [ ][ ] 되면서 불상이 만들어졌다.

내용 추론

08 ㉠에 대해 잘못 추론한 어린이는 누구인지 쓰세요.

민환   농업 발달에 힘을 기울였어.

정연   상업을 발전시키고자 하였어.

현주   신하의 권리를 강화하려고 하였어.

✏️

| 시대 | 조선 시대

06 김만덕

글을 읽으면서 중요하다고 생각하는 낱말에 색칠해 보세요.

❶ 제주 사람들을 살린 선행

가 김만덕은 제주도에서 상인의 딸로 태어났어요. 그런데 그녀가 열한 살 되던 해에 아버지가 장사를 하고 돌아오던 중 ^❶풍랑을 만나 목숨을 잃었어요. 이듬해에 어머니도 그 충격으로 돌아가셨지요. 부모님을 잃은 김만덕은 기생의 ^❷수양딸이 되었어요. 갑자기 ^❸천민 신분이 되어 기방에서 기생들의 시중을 들게 되었지만 김만덕은 용기를 잃지 않았답니다.

나 김만덕은 스무 살이 되었을 때 제주 목사를 찾아가 부모를 잃고 가난으로 부득이 기녀가 된 사정을 밝히고 양인 신분을 되찾았어요. 양인이 된 김만덕은 가게를 열어 상인으로 활동하였지요. 장사 수완이 좋았던 김만덕은 제주도의 물품을 육지에 팔고, 육지의 물품을 제주도에 팔아 큰돈을 벌었어요.

쌀을 받아 가세요!

다 그러던 어느 해, 제주도에 심한 ^❹흉년이 계속되면서 굶어 죽는 사람이 늘어 가고 있었어요. 이때 김만덕은 그동안 자신이 모은 모든 재산을 털어 육지의 쌀을 사들여 제주 사람들에게 내놓았어요. 그녀 덕에 많은 제주 사람들이 살게 되었고, 김만덕을 칭찬하는 소리가 나라 안에 ^❺자자하였답니다.

---

❶ **풍랑**: 해상에서 바람이 강하게 불어 일어나는 물결
❷ **수양딸**: 남의 자식을 데려다가 제 자식처럼 기른 딸
❸ **천민**: 조선 시대에, 천한 일에 종사하던 가장 낮은 계급의 백성
❹ **흉년**: 농사가 보통 때에 비해 잘되지 않아 굶주리게 된 해
❺ **자자하다**: 여러 사람의 입에 오르내려 떠들썩함.

중심 낱말 찾기

01 각 문단의 중심 낱말을 찾아 쓰세요.

가 문단: 부모님을 잃고 ☐☐ 신분이 된 김만덕

나 문단: ☐☐ 으로 활동하며 큰돈을 번 김만덕

다 문단: 계속된 ☐☐ 으로 굶어 죽을 뻔한 제주 사람들을 살린 김만덕

내용 이해

02 김만덕에 대한 설명으로 알맞지 <u>않은</u> 것은 무엇인가요? [✎]

① 어릴 때 부모님을 모두 잃었다.

② 제주도에서 상인의 딸로 태어났다.

③ 상인으로 활동하며 큰돈을 벌게 되었다.

④ 천민에서 양인, 다시 천민으로 신분이 바뀌었다.

⑤ 제주도에 흉년이 계속되자 전 재산을 털어 사람들을 살렸다.

어휘 확인

03 다음 뜻을 나타내는 낱말을 쓰세요.

1 해상에서 바람이 강하게 불어 일어나는 물결 ☐☐

2 농사가 보통 때에 비해 잘되지 않아 굶주리게 된 해 ☐☐

3 조선 시대에, 천한 일에 종사하던 가장 낮은 계급의 백성 ☐☐

내용 추론

04 **다** 문단을 읽고 알 수 있는 김만덕의 성격으로 알맞은 것은 무엇인가요?

[✎]

① 겁이 많다.

② 정이 많다.

③ 이기적이다.

④ 참을성 있다.

⑤ 자신만만하다.

김만덕

글을 읽으면서 중요하다고 생각하는 낱말에 색칠해 보세요.

② 소원을 성취한 김만덕

정조는 김만덕의 ^⑥선행을 전해 듣고 그녀를 크게 칭찬하였어요. 그러고는 김만덕의 소원을 들어주도록 하였답니다. 이에 김만덕은 "한양에 가서 궁궐을 구경하고, 금강산에 가서 말로만 듣던 수많은 ^⑦산봉우리를 구경할 수 있다면 ^⑧여한이 없겠습니다."라고 말하였어요. 그 당시 조선 사회에서는 제주도의 여인이 바다를 건너는 것을 금지하였어요. 게다가 평민 여성이 궁궐에 들어가는 것도 불가능한 일이었지요.

정조는 그녀의 소원을 ^⑨기꺼이 들어주기로 하였어요. 이를 위해 정조는 김만덕에게 벼슬을 내리고, 김만덕이 한양으로 무사히 올라와 궁궐을 구경할 수 있도록 해 주었지요. 한양에서 몇 달을 보낸 김만덕은 소원대로 금강산에 가서 명승지를 두루 둘러보고 제주도로 돌아왔어요. 이후 김만덕은 제주도에서 열심히 살다가 세상을 떠났어요. 그녀는 금강산 여행을 떠올리면서 행복하게 눈을 감았다고 해요.

김만덕은 세상을 떠나기 전에도 남은 재산을 가난한 사람들에게 골고루 나누어 주었어요. 지금도 제주도에서는 '만덕상'을 만들어 해마다 김만덕처럼 아름답게 산 사람들에게 상을 주고 있답니다. 이렇듯 김만덕의 훌륭한 삶은 오늘날까지도 많은 사람들에게 ^⑩귀감이 되고 있어요.

과연 일만 이천 봉이라고 불릴 만큼 산봉우리가 많구나!

---

⑥ **선행**: 착하고 어진 행동
⑦ **산봉우리**: 산에서 뾰족하게 높이 솟은 부분
⑧ **여한**: 풀지 못하고 남은 원한
⑨ **기꺼이**: 마음속으로 은근히 기쁘게
⑩ **귀감**: 거울로 삼아 본받을 만한 모범

중심 낱말 찾기

05 다음 밑줄 친 '이곳'은 어디인지 이 글에서 찾아 쓰세요.

> 이곳은 수많은 산봉우리를 가진 산으로, 김만덕은 정조에게 이곳을 여행하고 싶다는 소원을 말하였다.

내용 이해

06 이 글을 읽고 알 수 있는 내용으로 알맞지 않은 것은 무엇인가요? [　　　]

① 김만덕의 소원
② 김만덕의 업적
③ 김만덕의 가족 관계
④ 김만덕이 한양과 금강산에서 한 일
⑤ 김만덕이 한양으로 올 수 있도록 정조가 한 일

어휘 확인

07 다음 낱말의 뜻을 찾아 선으로 이으세요.

1 귀감　•　　　•　ㄱ 착하고 어진 행동

2 선행　•　　　•　ㄴ 풀지 못하고 남은 원한

3 여한　•　　　•　ㄷ 거울로 삼아 본받을 만한 모범

중심 내용 찾기

08 다음 빈칸을 채워 이 글을 정리해 보세요.

> 정조가 김만덕의 소원을 들어주어, 김만덕은 □□에 가서 궁궐을 구경하고 금강산에 가서 명승지를 둘러보았다. 제주도로 돌아온 후에도 김만덕은 자신의 □□을 가난한 사람들에게 나누어 주었다.

| 시대 | 조선 시대

07 이익

글을 읽으면서 중요하다고 생각하는 낱말에 색칠해 보세요.

❶ 토지 문제의 개혁을 주장하다

이익의 집안은 대대로 높은 지위의 관료를 배출하였어요. 그러나 붕당 간의 다툼으로 큰 ❶피해를 입게 되었고, 이익의 아버지는 유배를 가서 숨을 거두었어요. 이익은 병약하여 열한 살에 이르러서야 둘째 형에게서 글을 배우고, 이후에 과거에 응시하였어요. 그런데 둘째 형이 곤장을 맞다가 죽는 일이 일어났어요. 이 일을 계기로 이익은 벼슬을 할 생각을 버렸답니다. 그 대신 나라와 백성을 잘살게 하는 방법을 찾아 평생 공부를 하였어요.

이익은 ❷토지 문제에 특히 관심을 가졌어요. 당시에는 일부 부자들이 많은 토지를 소유하였어요. 그래서 대부분의 농민들은 남의 토지를 경작해야 하였고, 그 수확물을 제대로 얻지 못하여 생활이 어려웠지요. 이에 이익은 ㉠ 부자들이 무한정으로 토지를 가지지 못하도록 ❸제한하자고 주장하였어요. 또한 이익은 양반들도 벼슬을 하지 않으면, ❹사치스럽게 놀고먹지 말고 직접 농사를 지어야 한다고 하였어요. 이렇듯 이익은 당시의 사회 문제를 고치기 위해 ❺연구를 하고, 이를 바탕으로 『성호사설』이라는 책을 지었답니다.

백성의 삶이 넉넉해지려면 토지 제도를 개혁해야 한다.

---

❶ **피해:** 생명이나 신체, 재산, 명예 등에 손해를 입음.
❷ **토지:** 농사를 짓거나 집을 짓고 사는 등 사람의 생활과 활동에 이용하는 땅
❸ **제한:** 일정한 한도를 정하거나 그 한도를 넘지 못하게 막음.
❹ **사치:** 필요 이상의 돈이나 물건을 쓰거나 분수에 지나친 생활을 함.
❺ **연구:** 어떤 일이나 사물에 대하여서 깊이 있게 조사하고 생각하여 진리를 따져 보는 일

정답 102쪽

중심 낱말 찾기

01 다음에서 설명하는 책을 이 글에서 찾아 쓰세요.

이익이 당시의 사회 문제를 고치기 위해 연구한 내용들을 정리하여 지은 책이다.

✎ _____

내용 이해

02 이 글의 내용과 일치하면 ◯, 일치하지 않으면 ✕에 표시하세요.

1 이익의 아버지는 유배를 가서 숨을 거두었다. [◯ / ✕]

2 이익은 부자들이 무한정으로 토지를 가지도록 하자고 주장하였다. [◯ / ✕]

3 이익은 벼슬을 하지 않는 양반들은 직접 농사를 지어야 한다고 하였다. [◯ / ✕]

어휘 확인

03 다음 낱말의 뜻을 찾아 선으로 이으세요.

1 사치 •

2 연구 •

3 제한 •

• ㄱ 일정한 한도를 넘지 못하게 막음.

• ㄴ 필요 이상의 돈이나 물건을 쓰거나 분수에 지나친 생활을 함.

• ㄷ 어떤 일이나 사물에 대하여서 깊이 있게 조사하고 생각하여 진리를 따져 보는 일

내용 추론

04 ㉠과 같은 주장의 목적을 알맞게 말한 어린이는 누구인지 쓰세요.

수지	토지를 사고파는 일을 금지하기 위해서야.
문정	부자들은 토지를 갖지 못하도록 하기 위해서야.
형민	토지가 없는 가난한 농민들을 보호하기 위해서야.

✎ _____

이익

글을 읽으면서 중요하다고 생각하는 낱말에 색칠해 보세요.

❷ 많은 실학자를 길러 내다

조선 후기에는 사회가 변화함에도 양반들은 여전히 유학만을 따랐어요. 하지만 유학만으로는 세상의 변화에 ^❻대처할 수 없었지요. 그래서 실제 생활의 문제를 해결하기 위한 새로운 학문인 실학이 등장하였답니다.

이익 역시 실학 ^❼사상을 주장하였던 실학자였어요. 그는 성리학의 가치를 인

배고파요.

학문은 백성들의 실제 생활 문제를 해결할 수 있어야 해.

정하면서도 실학이라는 새로운 학풍을 통해 사회를 개혁하고자 하였지요. 이익은 실학이 조선 사회에 단단히 ^❽뿌리내리도록 하였답니다.

당시 개방적이고 개혁적이었던 이익의 학문은 세상의 변화를 원하는 젊은 학자들에게 큰 ^❾영향을 미쳤어요. 그래서 많은 학자가 함께 모여 이익의 실학사상을 공부하였답니다. 이렇게 이익의 영향을 받은 학자들의 무리를 '성호 ^❿학파'라고 부르는데, '성호'는 이익의 호였어요.

많은 실학자를 길러 내고, 주변 사람들을 돕는 데 힘썼던 이익은 가난과 질병으로 고생하다가 세상을 떠나고 말았어요. 하지만 이익의 학문은 성호 학파 학자들에 이어 훗날 정약용에게 이어지면서 더욱 발전하게 되었답니다.

---

❻ **대처**: 어떤 상황이나 사건에 알맞은 조치를 취함.

❼ **사상**: 어떤 사물에 대하여 가지고 있는 구체적인 생각

❽ **뿌리내리다**: 어떤 사물이나 현상의 근원이나 바탕이 이루어지다.

❾ **영향**: 어떤 사물의 효과나 작용이 다른 것에 미치는 일

❿ **학파**: 학문에서 주장을 달리하여 갈라져 나간 갈래

05 다음 ㄱ, ㄴ에 들어갈 낱말을 이 글에서 찾아 각각 쓰세요.

조선 후기에 실제 생활의 문제를 해결하기 위한 새로운 학문인 (ㄱ   )이 등장하였다. 실학자들 중에서 이익의 영향을 받은 사람들의 무리를 그의 호를 따서 (ㄴ   ) 학파라고 부른다.

✎ ㄱ: ㄴ:

06 이 글을 읽고 알 수 있는 내용으로 알맞지 <u>않은</u> 것은 무엇인가요?　[✎   ]

① 이익의 죽음
② 이익이 지은 책
③ 성호 학파의 의미
④ 실학의 등장 배경
⑤ 이익의 학문을 이은 실학자

07 다음 문장에서 밑줄 친 낱말과 뜻이 비슷한 낱말은 무엇인가요?　[✎   ]

오늘날에는 빠르게 변화하는 사회에 대한 신속한 <u>대응</u>이 필요하다.

① 대처　　② 발전　　③ 사상　　④ 영향　　⑤ 학파

08 이 글의 중심 내용으로 가장 알맞은 것은 무엇인가요?　[✎   ]

① 정약용은 성호 학파 학자들과 교류하였다.
② 조선 후기에는 많은 사회적 변화가 있었다.
③ 이익은 가난과 질병으로 고생하다가 죽었다.
④ 조선의 양반들은 유학만을 절대적으로 따랐다.
⑤ 이익의 실학사상은 많은 실학자에게 영향을 주었다.

|시대| 조선 시대

정약용

글을 읽으면서 중요하다고 생각하는 낱말에 색칠해 보세요.

❶ 백성을 위한 정치

정약용은 어렸을 때 성호 이익의 학문을 공부하였어요. 젊은 시절에는 ^❶과거에 합격하여 벼슬길에 나아갔어요. 당시 왕이었던 정조는 정약용을 무척 아꼈답니다.

도르래의 원리를 이용하면 작은 힘으로도 무거운 물건을 들 수 있겠어.

정약용은 관리로서 백성의 삶에 많은 애정과 관심을 가졌어요. 정조가 정약용에게 수원 화성의 ^❷건설을 맡기자, 정약용은 백성을 안전하게 보호할 성을 설계하였지요. 또한 그는 서양의 과학 기술을 이용하여 거중기를 만들어 화성 건설에 이용하였어요. 거중기로 돌을 운반하였기 때문에 백성들은 힘을 덜 들이고 화성을 건축할 수 있었지요. 정약용은 백성들을 위해 ^❸전염병 치료나 농사 발전을 위한 책을 짓기도 하였답니다.

한편, 정약용은 젊은 시절 천주교에 관심을 가지기 시작하였어요. 하지만 그 당시 조선은 천주교와 같은 서양 종교를 ^❹엄격하게 금지하고 있었지요. 결국 정조가 세상을 떠난 뒤 조선에서는 천주교 ^❺박해가 일어났고, 정약용도 천주교에 관심을 가졌다는 이유로 유배를 떠나게 되었답니다.

---

❶ **과거**: 관리를 뽑을 때 실시하던 시험

❷ **건설**: 건물이나 시설을 새로 만들어 세움.

❸ **전염병**: 남에게 옮는 성질을 가진 병

❹ **엄격**: 말, 태도, 규칙 등이 매우 엄하고 철저함.

❺ **박해**: 못살게 굴어서 해롭게 함.

정답 103쪽

중심 낱말 찾기

01 다음에서 설명하는 기구를 이 글에서 찾아 쓰세요.

> 정약용이 서양의 과학 기술을 이용하여 만든 기구로, 수원 화성을 건설할 때 돌을 운반하는 데 주로 사용되었다.

✎ _____

내용 이해

02 이 글의 내용과 일치하지 <u>않는</u> 것은 무엇인가요? [✎　　]

① 정약용은 영조 때 벼슬길에 나아갔다.
② 정약용은 정조가 죽은 후 유배를 떠났다.
③ 정약용은 전염병 치료를 위한 책을 지었다.
④ 정약용은 젊은 시절 천주교에 관심을 가졌다.
⑤ 정약용은 어렸을 때 이익의 학문을 공부하였다.

어휘 확인

03 다음 빈칸에 공통으로 들어갈 낱말로 알맞은 것은 무엇인가요? [✎　　]

누군가를 못살게 굴어서 해롭게 하는 것을 (　　　)(이)라고 하지?

응. 정조가 죽은 후 조선에서는 천주교 (　　　)이/가 일어나 많은 사람이 목숨을 잃었어.

① 박애　　② 박해　　③ 부흥　　④ 와해　　⑤ 총애

중심 내용 찾기

04 다음 빈칸을 채워 이 글의 내용을 정리해 보세요.

> 정약용은 정조 때 관리로서 거중기를 만들고 전염병 치료나 농사 발전을 위한 책을 지으며 ☐☐을 위한 정치를 펼쳤다. 그러나 정조가 죽은 뒤에 ☐☐☐에 관심을 가졌던 것이 문제가 되어 유배를 떠나게 되었다.

정약용

글을 읽으면서 중요하다고 생각하는 낱말에 색칠해 보세요.

➋ 유배 생활 중에도 계속된 실학 연구

1801년 11월 정약용은 전라남도 강진으로 유배되었어요. 유배 생활은 정약용에게 큰 아픔과 ^❻좌절을 주었지만 그는 포기하지 않고 학문 연구에 정진하였어요. 정약용은 유배 생활을 하면서 백성들의 어려운 생활을 ^❼체험하였기 때문에 실생활에 도움이 되는 학문에 더욱 힘쓰게 되었답니다.

정약용은 ^❽다산 ^❾초당에서 생활하면서 천 권이 넘는 책을 쌓아 놓고 학문 연구를 하였어요. 그는 당시의 정치, 경제, 사회, 문화 등 거의 모든 분야를 공부하였지요. 그리고 개혁 방법을 제시하여 나라를 새롭게 만들고자 노력하였어요.

마침내 18년 만에 유배에서 풀려난 정약용은 57세의 나이로 고향에 돌아왔어요. 정약용은 그 뒤에도 공부를 멈추지 않았어요. 세상을 떠날 때까지 학문을 연구하고 제자들을 키워 냈답니다. 그 결과 정약용은 평생 많은 책을 썼어요. 지방 관리들의 잘못된 사례를 들어 백성들을 다스리는 도리를 설명한 『목민심서』를 비롯하여 500여 권의 책을 남겼지요. 기나긴 고통 속에서도 놀라운 ^❿인내와 ^⓫성실함으로 이루어 낸 위대한 업적이었답니다. 오늘날에도 다산 정약용은 조선 후기 실학사상을 완성한 최고의 실학자로 평가받고 있어요.

---

❻ **좌절**: 마음이나 기운이 꺾임.

❼ **체험**: 자기가 몸소 겪음.

❽ **다산**: 정약용의 호. 유배 생활 중 머물던 집 근처의 산 이름인 '다산'을 따서 지음.

❾ **초당**: 억새나 짚 등으로 지붕을 인 조그마한 집채

❿ **인내**: 괴로움이나 어려움을 참고 견딤.

⓫ **성실**: 정성스럽고 참됨.

중심 낱말 찾기

05 다음에서 설명하는 곳을 이 글에서 찾아 쓰세요.

정약용이 전라남도 강진에서 유배 생활을 할 때 생활한 집이다. 정약용은 이곳에서 천 권이 넘는 책을 쌓아 놓고 학문 연구를 하였다.

✎ _____

내용 이해

06 이 글의 내용과 일치하면 ○, 일치하지 않으면 ✕에 표시하세요.

❶ 정약용은 18년 만에 유배에서 풀려났다. [○ / ✕]

❷ 정약용은 조선 후기 실학사상을 완성한 학자이다. [○ / ✕]

❸ 유배 생활을 하게 된 정약용은 학문을 그만두었다. [○ / ✕]

어휘 확인

07 다음 문장의 빈칸에 들어갈 낱말을 보기에서 찾아 쓰세요.

> **보기**
>
> 성실   인내   좌절

❶ 나는 맡은 일은 꼭 해내는 (   )한 사람이다.

❷ 그는 그동안의 고통을 (   )하며 오늘의 영광을 맞이하였다.

❸ 삼촌은 몇 번의 (   )을/를 딛고 일어나 지금의 성공을 이루었다.

내용 추론

08 다음은 이 글에 나타난 정약용의 활동이에요. 이를 통해 정약용이 우리 역사에서 가지는 의의를 써 보세요.

• 유배 생활을 하면서도 포기하지 않고 실생활에 도움이 되는 학문에 힘썼다.
• 여러 분야를 공부하고 개혁 방법을 제시하여 나라를 새롭게 만들고자 하였다.
• 끊임없이 학문을 연구하여 평생 동안 500여 권의 책을 지었다.

✎ _____
_____

|시대| 조선 시대

박지원

글을 읽으면서 중요하다고 생각하는 낱말에 색칠해 보세요.

❶ 『열하일기』를 짓다

서울의 좋은 집안에서 태어난 박지원은 어린 시절부터 영리하였지만, 벼슬길에 나아가려 하지는 않았어요. 그러던 그의 인생을 크게 바꾸어 놓은 기회가 찾아왔지요. 그의 친척이 청나라에 가는 ^❶사절단으로 뽑혔던 것이에요. 이때 박지원은 친척의 ^❷권유로 청나라에 함께 가게 되었어요. 그리고 청나라의 수도인 북경과 청나라 황제의 여름 별장이 있는 열하를 구경하며 다섯 달의 시간을 보냈답니다.

청나라에서 박지원은 새로운 세상을 경험하였어요. 당시 청나라가 서양과 ^❸교류하며 발전하고 있었기 때문이지요. 오랑캐로 여겼던 청나라의 과학 기술은 조선에 비해 훨씬 앞서 있었답니다. 이곳에서 박지원은 청나라의 학자들뿐만 아니라 몽골과 티베트 사람까지 만날 수 있었어요. 조선을 벗어나 넓은 세상의 학문과 문화를 경험하게 된 것이에요.

조선에 돌아온 박지원은 ^❹기행문인 『열하일기』를 지었어요. 이 책에서 그는 청나라를 여행하며 보고 듣고 느낀 점을 정리하여 청나라의 발전된 모습을 소개하였어요. 그리고 청나라의 뛰어난 ^❺문물을 수용해야 한다고 주장하였어요.

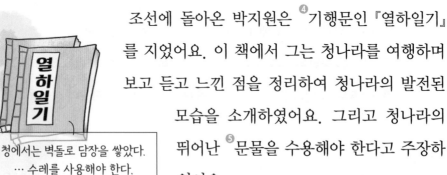

청에서는 벽돌로 담장을 쌓았다.
… 수레를 사용해야 한다.

---

❶ **사절단**: 나라를 대표하여 일정한 임무를 맡아 외국에 파견되는 사람들의 무리
❷ **권유**: 어떤 일을 하도록 권함.
❸ **교류**: 문화나 사상 등이 서로 통함.
❹ **기행문**: 여행하면서 보고, 듣고, 느끼고, 겪은 것을 적은 글
❺ **문물**: 문화의 산물. 즉 정치, 경제, 종교, 예술, 법률 등의 문화에 관한 모든 것을 통틀어 이르는 말

글을 이해해요

01 다음에서 설명하는 책을 이 글에서 찾아 쓰세요.

청나라에 다녀온 박지원이 그곳에서 보고 듣고 느낀 것 등을 정리하여 청나라의 발전된 모습을 소개한 책이다.

02 이 글을 읽고 알 수 있는 내용으로 알맞지 <u>않은</u> 것은 무엇인가요? [　　]

① 박지원이 청나라에서 쓴 책
② 박지원이 청나라에 가게 된 계기
③ 박지원이 청나라에서 만난 사람들
④ 박지원이 청나라에서 방문한 도시
⑤ 박지원이 『열하일기』에서 주장한 내용

03 다음 문장의 빈칸에 들어갈 낱말을 보기에서 찾아 쓰세요.

보기

교류　　　권유　　　문물

1 나는 친구의 (　　　　　)로 수영을 배우게 되었다.

2 그 나라는 외국의 발전된 (　　　　　)을/를 받아들였다.

3 두 나라는 서로 이웃하며 예로부터 (　　　　　)이/가 활발하였다.

04 다음 빈칸을 채워 이 글의 내용을 정리해 보세요.

박지원은 청나라의 북경과 [　　　]를 구경하면서 청나라의 발전된 모습을 보고 다양한 나라의 사람들을 만났다. 조선에 돌아온 박지원은 이 경험을 쓴 『열하일기』에서 [　　　] 나라의 문물을 수용해야 한다고 주장하였다.

박지원

글을 읽으면서 중요하다고 생각하는 낱말에 색칠해 보세요.

② 상공업의 발달을 주장하다

박지원은 실학의 한 ⑥갈래인 북학파를 대표하는 학자예요. '북학'이란 북쪽 나라의 학문, 즉 청나라의 새로운 문물과 과학 기술을 배우자는 움직임을 말해요.

박지원은 청나라에 가서 말로만 듣던 새로운 문물을 마음껏 보았어요. 그리고 청나라의 문화가 조선보다 훨씬 발전해 있었음을 알게 되었지요. 그래서 박지원은 조선이 더 발전할 수 있는 방법이 무엇인지 고민하기 시작하였어요.

박지원은 청나라에서 활발하게 장사하는 사람들을 보며 상업이 농업보다 큰 이익을 가져다줄 수 있다는 생각을 하였어요. 상업이 발전하면 공업도 발전하여 나라를 ⑦부강하게 할 것이라고 보았지요. 즉, 상공업의 발전을 중요하게 생각한 거예요. 그래서 그는 청나라의 문물을 배워 기술을 개발할 것, ⑧무역을 활발하게 할 것 등을 주장하였어요. 그리고 그동안 상공업을 ⑨업신여겨왔던 조선 사람들의 생각이 잘못되었으며, 양반도 상업을 해야 한다고 주장하였답니다.

당시에는 박지원과 비슷한 생각을 하는 사람들이 여럿 있었어요. 그래서 이덕무, 박제가, 유득공 등 유명한 학자들이 박지원의 제자가 되어 북학파를 ⑩형성하였답니다.

나라가 부강해지려면 상공업이 발달해야 해!

---

⑥ **갈래**: 하나에서 둘 이상으로 갈라져 나간 낱낱의 부분

⑦ **부강**: 부유하고 강함.

⑧ **무역**: 나라와 나라 사이에 서로 물품을 팔고 사는 일

⑨ **업신여기다**: 남을 깔보거나 하찮게 여김.

⑩ **형성**: 어떤 모양이나 상태를 이룸.

중심 낱말 찾기

05 다음 ㉠, ㉡에 들어갈 낱말을 이 글에서 찾아 각각 쓰세요.

> 박지원은 실학의 한 갈래인 (㉠   )를 대표하는 학자였다. 그는 상공업의 발전을 중요하게 생각하여 청나라의 문물을 배우고 청나라와의 (㉡   )을 활발히 할 것 등을 주장하였다.

✎ ㉠:   ㉡:

내용 이해

06 박지원에 대한 설명으로 알맞지 <u>않은</u> 것은 무엇인가요?   [✎   ]

① 청나라에 가서 새로운 문물을 보았다.

② 이덕무, 박제가, 유득공 등을 제자로 두었다.

③ 상공업을 업신여기면 안 된다고 생각하였다.

④ 청나라의 문물을 배워 기술을 개발할 것을 주장하였다.

⑤ 농업과 토지 문제를 개혁하여 나라를 발전시키려 하였다.

어휘 확인

07 다음 낱말이 들어갈 문장을 찾아 선으로 이으세요.

1 갈래 •

2 형성 •

• ㉠ 바닷가에 (   )된 마을은 구조적인 특징이 뚜렷하다.

• ㉡ 실학 운동에는 농업을 중시하는 실학파와 상공업을 중시하는 실학파의 두 (   )이/가 있다.

내용 추론

08 이 글을 읽고 알 수 있는 박지원의 생각으로 알맞은 것은 무엇인가요? [✎   ]

① 북학은 실학과 다른 것이다.

② 청나라에 여행을 가야 한다.

③ 양반들은 글공부에만 힘쓰면 된다.

④ 청나라는 힘은 세지만 오랑캐에 불과하다.

⑤ 상공업을 발전시켜 나라를 부강하게 해야 한다.

| 시대 | 조선 시대

박제가

글을 읽으면서 중요하다고 생각하는 낱말에 색칠해 보세요.

❶ 청나라에 네 번 다녀오다

가 박제가는 조선 후기의 대표적인 실학자 중 한 명이에요. 그는 서자로 태어났지만 좌절하지 않고 어려서부터 공부에 힘썼답니다. 그리고 박지원을 스승으로 따르며 이덕무, 유득공 등의 실학자와 함께 북학파를 이루었지요. 박제가는 정조에게 능력을 인정받아 규장각의 관리로 선발되기도 하였어요. 그는 13년간 규장각에 ❶근무하면서 이곳에 있는 많은 ❷서적들을 읽고, 여러 책의 교정 및 간행에 참여하기도 하였답니다.

나 정조 시기 조선의 지식인들은 청나라에 가 보고 싶어 하였으나, 외교 사절단이 아니면 기회가 별로 없었어요. 그런데 박제가는 외교 능력이 있고 중국어에 ❸능통하여 청나라에 네 번이나 다녀올 수 있었어요.

4번째 청 방문

다 박제가는 청나라에 갈 때마다 그곳의 지식인들을 만났어요. 100명이 넘는 사람들과 ❹친분을 쌓고, 학문에 대해 ❺토론하기도 하였지요. 청나라의 학자들도 박제가를 학자로서 높이 평가하였다고 해요. 청나라에서 여러 지식인들과 교류한 경험은 박제가의 학문에 큰 영향을 미쳤답니다.

---

❶ **근무**: 직장에 적을 두고 직무에 종사함.

❷ **서적**: 일정한 목적, 내용, 체재에 맞추어 사상, 감정, 지식 따위를 글이나 그림으로 표현하여 적거나 인쇄하여 묶어 놓은 것

❸ **능통하다**: 사물의 이치를 훤히 알거나 능숙함.

❹ **친분**: 아주 가깝고 두터운 정분

❺ **토론**: 어떤 문제에 대하여 여러 사람이 각각 의견을 말하며 논의함.

중심 낱말 찾기

01 각 문단의 내용과 일치하도록 괄호 안의 낱말 중 알맞은 것에 ○표 하세요.

가 문단: 박제가는 박지원, 이덕무, 유득공 등과 함께 [북학파, 탕평파]를 이루었다.

나 문단: 박제가는 청나라에 [한 번, 네 번] 다녀왔다.

다 문단: 박제가는 [유럽, 청나라]에서 그곳의 지식인들과 학문에 대해 토론하였다.

내용 이해

02 다음 내용은 가 ~ 다 문단 중 어느 문단과 관련이 깊은지 쓰세요.

『호저집』은 박제가가 청나라 학자들과 주고받은 시와 편지 등을 모아 펴낸 책으로, 여기에 등장하는 청나라 사람들이 172명이나 된다. 조선 시대에 박제가처럼 중국 지식인들과 활발히 교류한 사람을 찾기란 쉽지 않다.

어휘 확인

03 다음 뜻을 나타내는 낱말을 쓰세요.

1 아주 가깝고 두터운 정분 ☐ ☐

2 직장에 적을 두고 직무에 종사함. ☐ ☐

3 어떤 문제에 대하여 여러 사람이 각각 의견을 말하며 논의함. ☐ ☐

중심 내용 찾기

04 다음 빈칸을 채워 이 글의 내용을 정리해 보세요.

박제가는 어려서부터 공부에 힘써 정조 때 ☐ ☐ ☐ 의 관리로 선발되었다. 그는 ☐ ☐ 능력이 뛰어나고 중국어에도 능통하여 네 번이나 청나라에 다녀왔다. 박제 가가 청나라의 지식인들과 ☐ ☐ 한 경험은 그의 학문에 큰 영향을 미쳤다.

박제가

글을 읽으면서 중요하다고 생각하는 낱말에 색칠해 보세요.

2 『북학의』를 짓다

박제가는 청나라에 처음 다녀온 뒤 그곳에서의 [6]견문을 바탕으로 책을 썼어요. 그 책이 바로『북학의』예요. '북학'은 조선 후기 실학자들이 청나라의 앞선 문물제도 및 생활 양식을 받아들일 것을 내세운 학풍을 말하는데, 이 '북학'이라는 이름이『북학의』에서 [7]유래하였지요.

박제가는『북학의』에서 서양의 문물을 받아들인 청나라를 배워야 한다고 주장하였어요. 그리하여 조선의 과학 기술과 상업, 무역을 발전시키자고 하였지요. 그것이 조선과 백성들을 가난에서 구할 수 있는 방법이라고 하였어요. 특히, 그는 수레를 널리 이용하고 배를 많이 만들어 무역을 [8]적극적으로 해야 한다고 주장하였어요. 『열하일기』를 쓴 박지원은 박제가의『북학의』를 읽고, 이 책의 내용이 자신의 뜻과 [9]일치한다며 기뻐하기도 하였답니다.

그러나 당시 조선의 지배층들은 시대의 변화에도 불구하고 여전히 기술과 상업, 무역을 [10]천시하였어요. 이런 상황 속에서 박제가의 개혁안은 받아들여지지 않았지요. 하지만 박제가의『북학의』는 당시 조선 사회를 개혁하여 부국강병을 이루고자 하였던 정약용, 서유구 등 여러 사람들에게 영향을 주었답니다.

> 중국, 나아가 서양 여러 나라와도 무역해야 한다.

---

[6] 견문: 보거나 듣거나 하여 깨달아 얻은 지식
[7] 유래: 사물이나 일이 생겨남.
[8] 적극적: 대상에 대한 태도가 긍정적이고 능동적인 것
[9] 일치: 비교되는 대상들이 서로 어긋나지 않고 같거나 들어맞음.
[10] 천시: 업신여겨 낮게 보거나 천하게 여김.

정답 105쪽

중심 낱말 찾기

05 다음에서 설명하는 책을 이 글에서 찾아 쓰세요.

> 실학자 박제가가 청나라에 처음 다녀온 뒤 그곳에서의 견문을 바탕으로 지은 책이다.

내용 이해

06 이 글의 내용과 일치하지 <u>않는</u> 것은 무엇인가요? [　　]

① 북학이라는 이름은 『북학의』에서 유래하였다.

② 박제가는 수레를 널리 이용하자고 주장하였다.

③ 박제가의 북학 사상은 정약용에게 영향을 주었다.

④ 조선의 지배층들은 대부분 박제가의 개혁안을 받아들였다.

⑤ 박제가는 청나라를 배워 조선의 과학 기술을 발전시키자고 하였다.

어휘 확인

07 다음 밑줄 친 낱말과 바꾸어 쓸 수 있는 낱말은 무엇인가요? [　　]

> 우리는 양반들이 농민들을 <u>업신여겨</u> 함부로 대하는 것을 구경만 할 따름이었다.

① 견문하여　　② 대접하여　　③ 존중하여　　④ 천시하여　　⑤ 환영하여

내용 추론

08 박제가가 다음 박지원의 말을 듣고 보일 수 있는 반응으로 알맞은 것은 무엇인가요? [　　]

> 박지원　청나라의 문물을 배워 조선의 기술과 상공업을 발전시켜야 합니다.

① 맞습니다. 저도 청나라의 문물을 수용하고자 『열하일기』를 썼습니다.

② 맞습니다. 또한 수레와 배를 이용하여 무역을 적극적으로 해야 합니다.

③ 아닙니다. 상업과 공업은 천한 사람들이 하는 일입니다.

④ 아닙니다. 청나라는 오랑캐이므로 그들의 문물을 받아들일 수 없습니다.

⑤ 글쎄요. 청나라 문물의 수용은 신중하게 결정해야 합니다.

11 |시대| 조선 시대

김홍도

글을 읽으면서 중요하다고 생각하는 낱말에 색칠해 보세요.

❶ 당대 최고의 화가

가 조선 시대 중인 가정에서 태어난 김홍도는 어려서부터 그림에 타고난 ❶재능을 보였어요. 게다가 그는 뛰어난 스승인 강세황으로부터 그림을 배워 더욱 실력을 키울 수 있었지요. 마침내 김홍도는 강세황의 추천으로 그림을 그리는 관청인 도화서의 ❷화원이 되었답니다.

나 김홍도는 29살 때 영조와 왕세손(훗날의 정조)의 ❸초상화를 그리는 일에 참여하게 되었어요. 임금의 초상화를 그리는 일은 화원으로서 매우 ❹영광스러운 일이었지요. 이 일로 김홍도의 명성은 더욱 높아졌어요. 그리고 날마다 많은 사람이 김홍도의 그림을 구하기 위해 찾아왔어요. 김홍도는 그림을 그리느라 먹고 잘 시간도 부족할 정도로 바빴지요.

다 정조도 김홍도의 그림 실력을 아껴서 중요한 일을 많이 시켰어요. 정조는 김홍도에게 금강산 일대를 여행하며 그곳의 명승지를 그리도록 명하였고, 자신의 초상화를 다시 한 번 김홍도에게 맡기기도 하였지요. 이렇듯 김홍도는 ❺당대 최고의 화가로 이름이 높았답니다.

❶ **재능:** 어떤 일을 하는 데 필요한 재주와 능력
❷ **화원:** 도화서에 소속된 관리
❸ **초상화:** 사람의 얼굴을 중심으로 그린 그림
❹ **영광:** 빛나고 아름다운 영예
❺ **당대:** 일이 있는 바로 그 시대

중심 낱말 찾기

01 각 문단의 중심 낱말을 찾아 쓰세요.

가 문단: 도화서의 [ ][ ]이 된 김홍도

나 문단: 영조와 왕세손의 [ ][ ][ ]를 그린 김홍도

다 문단: 당대 최고의 화가로 이름을 높인 [ ][ ][ ]

내용 이해

02 이 글의 내용과 일치하면 ○, 일치하지 않으면 ✕에 표시하세요.

1 김홍도는 정조의 초상화를 그렸다. [○ / ✕]

2 김홍도는 살아 있을 때에는 명성이 높지 않았다. [○ / ✕]

3 김홍도는 스승인 강세황으로부터 그림을 배웠다. [○ / ✕]

어휘 확인

03 다음 낱말의 뜻을 찾아 선으로 이으세요.

1 당대 •
    • ㄱ 일이 있는 바로 그 시대

2 재능 •
    • ㄴ 사람의 얼굴을 중심으로 그린 그림

3 초상화 •
    • ㄷ 어떤 일을 하는 데 필요한 재주와 능력

중심 내용 찾기

04 다음 빈칸을 채워 이 글의 내용을 정리해 보세요.

[ ][ ][ ]의 화원이 된 김홍도는 젊은 시절부터 왕의 [ ][ ][ ]를 그리고 정조의 명으로 [ ][ ] 일대의 명승지를 그리는 등 당대 최고의 화가로 이름을 떨쳤다.

김홍도

글을 읽으면서 중요하다고 생각하는 낱말에 색칠해 보세요.

② 백성들의 삶을 그림에 담다

가 김홍도의 스승인 강세황은 김홍도가 인물, 경치, 신선, 꽃과 과일, 새와 벌레, 동물에 이르기까지 못 그리는 것이 없다고 말하였어요. 실제로 그는 인물화, ^⑥산수화 등 다양한 종류의 그림에 능통하였어요. 김홍도는 그야말로 우리 역사 ^⑦불세출의 화가라 평가받고 있지요.

나 김홍도는 많은 그림 중에서도 풍속화에서 새로운 ^⑧경지를 개척하였어요. 풍속화는 당시 사람들의 생활 모습을 그린 그림이에요. 김홍도의 풍속화에 등장하는 인물은 대부분 조선 시대의 ^⑨서민들이었어요.

다 김홍도는 일반 백성들의 다양한 삶의 모습을 있는 그대로 생동감 있게 그림으로 담아내었어요. 서당에서 공부하는 아이들을 그린 「서당」, 씨름을 하는 선수들과 구경꾼들을 그린 「씨름」, ^⑩악공들에게 둘러싸여 춤을 추고 있는 아이를 그린 「무동」이 그의 대표적인 작품들이에요.

라 김홍도의 활동에 힘입어 조선 후기에는 백성의 삶이 담긴 풍속화가 크게 발전하였어요. 김홍도가 그린 수많은 풍속화를 통해 오늘날 우리는 조선 후기 사람들의 생활 모습을 생생하게 알 수 있게 되었답니다.

---

⑥ **산수화**: 동양화에서 산과 물이 어우러진 자연의 아름다움을 그린 그림

⑦ **불세출**: 좀처럼 세상에 나타나지 않을 만큼 뛰어남.

⑧ **경지**: 학문, 예술 등에서 일정한 특성과 체계를 갖춘 독자적인 범주나 부분

⑨ **서민**: 아무 벼슬이나 신분적 특권을 갖지 못한 일반 사람

⑩ **악공**: 음악을 연주하는 사람

정답 106쪽

중심 낱말 찾기

05 다음 , ㄴ에 들어갈 낱말을 이 글에서 찾아 각각 쓰세요.

> 김홍도는 다양한 종류의 그림을 모두 잘 그린 뛰어난 화가였다. 특히 그는 당시 사람들의 생활 모습을 그린 (ㄱ   )에서 새로운 경지를 개척하였다. 그의 여러 그림을 통해 우리는 (ㄴ   ) 후기 사람들의 생활 모습을 생생하게 알 수 있다.

 ㄱ: ㄴ:

내용 이해

06 다음 내용을 중심으로 다룬 문단은 가 ~ 라 문단 중 어느 문단인지 쓰세요.

> 백성들의 삶의 모습을 있는 그대로 생동감 있게 담아낸 김홍도의 작품들

어휘 확인

07 다음 문장에서 밑줄 친 부분과 뜻이 비슷한 낱말은 무엇인가요? [   ]

> 이순신은 우리 역사에서 <u>좀처럼 나타나기 힘든 뛰어난</u> 인물이자 영웅이다.

① 개척   ② 능통   ③ 다양   ④ 유명   ⑤ 불세출

내용 추론

08 오른쪽 그림이 나타내는 상황이 무엇인지 쓰고, 왜 풍속화라고 불리는지 이유를 쓰세요.

• 그림이 나타내는 상황:

• 풍속화라고 불리는 이유:

|시대| 조선 시대

12 신윤복

글을 읽으면서 중요하다고 생각하는 낱말에 색칠해 보세요.

❶ 풍속화로 조선을 그리다

신윤복은 김홍도와 더불어 조선 후기를 대표하는 풍속화가예요. 김홍도는 서민의 생활 모습을 주로 그렸는데요. 이와 달리 신윤복은 양반 가문의 생활 모습을 주로 그렸고, 특히 여성의 생활 모습이나 남녀 간의 ❶낭만이나 애정을 표현한 그림을 많이 그렸답니다.

신윤복은 남성 위주의 조선 사회에서 여성을 특히 많이 그린 것으로 유명한 화가예요. 여성들의 삶을 가까운 곳에서 ❷관찰하고, 그녀들의 옷차림, 몸짓, 얼굴에 드러난 감정 등을 ❸섬세하게 그려 냈지요.

신윤복이 그린 많은 풍속화들은 매우 아름답다는 평가를 받아요. 그의 그림은 섬세한 선과 아름다운 ❹색채로 이루어져 있거든요. 그래서 신윤복의 그림에서는 ❺세련된 ❻감각과 분위기를 느낄 수 있답니다.

신윤복은 후대의 화가들에게 적지 않은 영향을 주어 그의 화풍을 본뜬 풍속화나 민화가 많아요. 그리고 신윤복의 그림에 나타난 살림이나 복식 등은 우리에게 조선 후기의 생활 모습을 생생하게 보여 주고 있답니다.

---

❶ **낭만**: 감미롭고 감상적인 분위기
❷ **관찰**: 사물이나 현상을 주의하여 자세히 살펴봄.
❸ **섬세하다**: 곱고 가늘다.
❹ **색채**: 물체가 빛을 받을 때 빛의 파장에 따라 나타나는 특유한 색깔
❺ **세련**: 서투르거나 어색한 데가 없이 능숙하게 갈고닦음.
❻ **감각**: 사물에서 받는 인상이나 느낌

중심 낱말 찾기

01 다음 ㄱ, ㄴ에 들어갈 낱말을 이 글에서 찾아 각각 쓰세요.

> 풍속화가인 신윤복은 남녀 간의 (ㄱ   )이나 애정을 표현한 그림을 많이 그렸다. 또한 남성 위주의 조선 사회에서 (ㄴ   )을 많이 그린 것으로 유명하다.

✎ ㄱ: ㄴ:

내용 이해

02 이 글의 내용과 일치하지 <u>않는</u> 것은 무엇인가요?   [✎   ]

① 신윤복은 조선 후기를 대표하는 풍속화가이다.

② 신윤복의 풍속화는 매우 아름답다는 평가를 받는다.

③ 신윤복은 여성보다 남성을 많이 그린 것으로 유명하다.

④ 신윤복의 풍속화에서는 세련된 감각과 분위기를 느낄 수 있다.

⑤ 우리는 신윤복의 그림에서 조선 후기의 생활 모습을 볼 수 있다.

어휘 확인

03 다음 뜻을 나타내는 낱말을 쓰세요.

❶ 사물에서 받는 인상이나 느낌. ☐☐

❷ 사물이나 현상을 주의하여 자세히 살펴봄. ☐☐

❸ 서투르거나 어색한 데가 없이 능숙하게 갈고닦음. ☐☐

중심 내용 찾기

04 다음 빈칸을 채워 이 글의 내용을 정리해 보세요.

> 신윤복은 여성의 생활 모습, 남녀 간의 낭만이나 ☐☐ 을 표현한 그림을 많이 그렸다. 그의 그림은 섬세한 선과 아름다운 색채로 이루어져 아름답다는 평가를 받으며, 우리에게 조선 후기의 ☐☐☐☐ 을 보여 준다.

신윤복

글을 읽으면서 중요하다고 생각하는 낱말에 색칠해 보세요.

② 비밀에 싸인 행적

가 신윤복은 영조 때 화가 가문에서 태어났어요. 그의 할아버지와 아버지는 그림을 잘 그려 도화서 의 화원으로 일하였지요. 신윤복도 정조 때 화원 이 되어 도화서에 들어갔어요. 그러나 신윤복은 갑자기 화원 생활을 그만두었는데, 그 이유는 정 확하게 알려져 있지 않아요.

나 도화서에서 나온 후 신윤복의 ^❼행적을 알 수 있는 기록은 거의 남아 있지 않아 요. 우리가 알 수 있는 건 그가 1813년 이후 세상을 떠났다는 사실과 그가 남긴 그림 뿐이지요. 그래서 우리에게 신윤복은 비밀에 싸여 있는 화가랍니다. 우리는 그저 신 윤복이 남긴 아름다운 그림을 통해서만 그의 삶을 상상해 볼 수 있을 뿐이에요.

다 신윤복의 작품은 당시 사람들에게 훌륭하다고 인정받지 못하였답니다. 양반과 부녀자들의 유흥, 남녀 간의 연애나 향락적인 생활을 적나라하게 표현하였다는 점 에서 ^❽비속한 그림으로도 여겨졌다고 해요. 당시에는 사랑하는 남녀의 모습을 솔직 하게 표현하는 것을 부끄럽게 여겼기 때문이지요. 그렇지만 오늘날 사람들은 다양 하고 ^❾선명한 색채와 ^❿현대적인 감각이 돋보이는 신윤복의 그림에 관심과 애정을 가지고 있어요. 또한 남성 중심의 사회에서 주로 여인을 ^⓫소재로 그림을 그린 점도 높이 평가하고 있지요.

---

❼ **행적**: 평생 동안 한 일이나 업적
❽ **비속**: 격이 낮고 속됨. 또는 그런 풍속
❾ **선명**: 산뜻하고 뚜렷하여 다른 것과 혼동되지 않음.
❿ **현대적**: 지금의 시대에 적합한 느낌이 있거나 현대에 특징적인 것
⓫ **소재**: 어떤 것을 만드는 데 바탕이 되는 재료

중심 낱말 찾기

05 각 문단의 내용과 일치하도록 괄호 안의 낱말 중 알맞은 것에 ○표 하세요.

가 문단: 신윤복은 [화원, 사절단]이 되었다가 그 생활을 그만두었다.

나 문단: 신윤복의 [그림, 행적]은 비밀에 싸여 있다.

다 문단: 신윤복의 그림은 [당시, 오늘날] 사람들에게 높이 평가된다.

내용 이해

06 이 글을 읽고 알 수 있는 내용으로 알맞지 <u>않은</u> 것은 무엇인가요? [✐   ]

① 신윤복 아버지의 직업

② 신윤복 그림의 주된 소재

③ 신윤복의 그림에 나타난 특징

④ 신윤복의 그림에 대한 당시의 평가

⑤ 화원 생활을 그만둔 후 신윤복의 삶

어휘 확인

07 다음 문장의 빈칸에 들어갈 낱말을 보기에서 찾아 쓰세요.

보기

선명   소재   행적

1 임진왜란을 (   )(으)로 삼은 영화들이 많이 있다.

2 삼국 통일을 이룬 그의 (   )은/는 역사에 길이 남을 것이다.

3 꽃 색깔이 하루하루 더 짙어져 마침내 곱고 (   )한 분홍빛을 띠었다.

내용 추론

08 다 문단을 참고하여 신윤복에 대해 소개할 때 가장 알맞은 것은 무엇인가요?

[✐   ]

① 산수화의 대가   ② 시대를 뛰어넘은 예술가

③ 조선 전기 화풍을 이끈 화가   ④ 당대 최고의 명성을 떨친 화가

⑤ 서민들의 삶을 그려낸 풍속화가

| 시대 | 조선 시대

13 김정희

글을 읽으면서 중요하다고 생각하는 낱말에 색칠해 보세요.

❶ 천부적 자질을 보인 김정희

김정희는 조선 후기 어느 양반 집안에서 태어났어요. 그는 어려서부터 사람들에게 **❶천부적 ❷자질**을 인정받았어요. 글을 일찍 깨우친 데다, 글씨를 잘 썼기 때문이에요. 김정희의 아버지도 아들의 자질을 알아보았어요. 그래서 당시 북학파를 대표하던 박제가에게 아들의 공부를 부탁하였지요. 박제가 역시 영리한 제자인 김정희를 아껴 학문을 가르쳤어요. 그 과정에서 청나라의 선진 문물을 받아들이자는 박제가의 생각이 김정희에게도 전해졌답니다.

김정희는 열심히 공부하여 과거 시험에 합격하였어요. 그리고 나서 사절단과 함께 청나라에 방문하게 되었어요. 그곳에서 김정희는 청나라에 있는 최고의 학자들과 교류하며 실력을 쌓고, 조선 최고의 학자로 성장하였답니다.

청의 학자 옹방강   김정희

김정희는 북한산에 있는 비석이 신라 진흥왕 때 만들어진 **❸순수비**임을 밝히기도 하였어요. 비석에 새겨진 글자를 정확하게 조사하여 그동안 잘못 알려진 소문들을 바로잡은 것이지요. 이는 **❹근거** 없는 지식이 아니라, 과학적이고 **❺객관적**인 방법으로 학문을 해야 한다는 자신의 주장을 몸소 보여 준 것이기도 하답니다.

❶ **천부적:** 태어날 때부터 지닌 것
❷ **자질:** 타고난 성품이나 소질
❸ **순수비:** 임금이 살피며 돌아다닌 곳을 기념하기 위하여 세운 비석
❹ **근거:** 어떤 일이나 의견에 그 바탕이 되는 이유
❺ **객관적:** 자기와의 관계에서 벗어나 다른 사람의 입장에서 사물을 보거나 생각하는 것

중심 낱말 찾기

01 다음 김정희에 대한 설명 중 ㄱ, ㄴ에 들어갈 낱말을 이 글에서 찾아 각각 쓰세요.

- (ㄱ   )의 학자들과 교류하며 실력을 쌓았다.
- 북한산에 있는 비석이 신라 (ㄴ   ) 때 만들어진 순수비임을 밝혔다.

 ㄱ: ㄴ:

내용 이해

02 이 글을 읽고 알 수 있는 내용으로 알맞지 <u>않은</u> 것은 무엇인가요?　[　　]

① 김정희의 출신　　　　　　　　② 김정희의 어린 시절

③ 신라 진흥왕의 업적　　　　　　④ 박제가와 김정희의 관계

⑤ 청나라에서 김정희가 한 일

어휘 확인

03 다음 낱말이 들어갈 문장을 찾아 선으로 이으세요.

1 객관적 •

2 천부적 •

• ㄱ 그 선수는 (   )인 자질을 타고나 실력이 뛰어났다.

• ㄴ 선배는 나에게 기자는 (   )인 기사를 써야 한다고 조언하였다.

내용 추론

04 김정희가 다음 대화를 읽고 어떤 말을 할지 이 글을 바탕으로 쓰세요.

갑　누군가 북한산에 있는 옛 비석은 조선 초기 무학 스님의 것이라고 하던데요?

을　아닙니다. 제가 들은 소문에 의하면 고려가 세워질 무렵 도선 스님이 세운 비석이라고 합니다.

김정희

2 추사체와 「세한도」

가 김정희의 생애는 유난히 ⁶고난이 많았어요. 그는 조선 후기의 어지러운 정치 상황 속에서 여러 번 유배를 떠나 평생 동안 귀양살이를 한 기간이 13년이나 되었지요. 하지만 유배지에서도 김정희는 학문과 예술에 힘썼답니다.

나 김정희는 자신만의 독창적인 글씨체를 만들기 위해 끊임없는 노력을 기울이며 글씨 연습을 반복하였어요. 그리고 중국의 유명한 서예가들의 글씨체를 연구하고, 삼국 시대부터 조선 시대까지 내려오던 우리의 ⁷서법을 조사하여 마침내 ⁸독특한 글씨체인 추사체를 만들었어요. '추사'는 김정희의 호예요.

다 또한 김정희는 귀양살이를 할 때 자신에게 서적들을 보내 준 제자에게 「세한도」라는 그림을 그려 주었어요. 「세한도」는 우리나라 역사상 최고의 ⁹문인화라고 평가받는 그림이에요. 그는 평생 동안 천 자루의 붓을 닳아 없앴을 만큼 예술혼을 불태웠답니다.

잣나무와 소나무는 변치 않는 의리를 표현하지.

라 비록 고난이 많은 삶이었지만 김정희는 학문과 예술에서 사람들의 ¹⁰존경을 받았어요. 말년에는 관직에 나아가지 않고 이곳 저곳 다니면서 글을 쓰고 그림을 그렸지요. 김정희는 지금도 조선 후기 최고의 예술 가이자 뛰어난 학자로 평가받고 있답니다.

---

⑥ **고난**: 괴로움과 어려움.

⑦ **서법**: 글씨를 쓰는 법

⑧ **독특**: 특별하게 다름.

⑨ **문인화**: 전문적인 직업 화가가 아닌 시인, 학자 등의 사대부 계층 사람들이 취미로 그린 그림

⑩ **존경**: 남의 인격, 사상, 행동 등을 공손히 받들어 모심.

중심 낱말 찾기
05 다음에서 설명하는 글씨체를 이 글에서 찾아 쓰세요.

> 김정희가 중국의 유명한 서예가들의 글씨체를 연구하고, 또 삼국 시대부터 조선 시대까지 내려오던 우리의 서법을 조사하여 말년에 완성한 글씨체이다.

✎ _____

내용 이해
06 다음 빈칸에 들어갈 내용으로 알맞은 것은 무엇인가요? [✎   ]

나 추사체를 만든 김정희

가 유배지에서도 학문과 예술에 힘쓴 김정희

라 최고의 예술가이자 뛰어난 학자로 평가받는 김정희

다 _____

① 「세한도」를 그린 김정희
② 양반 집안에서 태어난 김정희
③ 제주도로 유배를 떠난 김정희
④ 고난이 많은 삶을 살아간 김정희
⑤ 중국 서예가들의 글씨체를 연구한 김정희

어휘 확인
07 다음 뜻을 나타내는 낱말을 쓰세요.

❶ 특별하게 다름. ☐☐

❷ 괴로움과 어려움. ☐☐

❸ 남의 인격, 사상, 행동 등을 공손히 받들어 모심. ☐☐

중심 내용 찾기
08 다음 빈칸을 채워 이 글의 내용을 정리해 보세요.

> 추사체를 만들고 ☐☐☐를 그린 ☐☐☐는 조선 후기 최고의 예술가이자 뛰어난 학자였다.

| 시대 | 조선 시대

14 김정호

글을 읽으면서 중요하다고 생각하는 낱말에 색칠해 보세요.

① 「대동여지도」를 완성하다

김정호는 어려운 집안 형편에도 불구하고 어려서부터 열심히 공부를 하였어요. 특히, 그는 ^①지리학에 관심이 많았답니다. 조선은 지도 만드는 기술이 발달한 나라였지만, 김정호는 지금까지 나온 지도들보다 훨씬 ^②정밀한 지도를 만들고자 하는 꿈을 가지고 있었어요.

지도를 만드는 데에는 ^③전문적인 지식과 함께 많은 ^④자료가 필요하였어요. 김정호는 여러 사람들의 도움으로 이전에 만들어진 조선 지도와 지리학 자료들을 구할 수 있었지요. 그는 이를 바탕으로 많은 지도들을 만들었어요.

김정호가 만든 대표적인 지도는 「대동여지도」예요. 이 지도는 김정호가 30년간의 노력 끝에 완성하였다고 알려져 있어요. 「대동여지도」는 함경북도에서 제주도까지

의 한반도 전체를 담고 있는데, 몇몇 군데를 제외하면 오늘날의 지도와 거의 똑같을 만큼 정확해요. 그래서 조선 시대에 만들어진 지도 중 가장 뛰어난 것으로 평가받고 있어요. 지도 ^⑤제작에 평생을 바친 김정호의 노력은 우리나라 지리학의 발전에 큰 도움이 되었답니다.

---

① **지리**: 어떤 곳의 땅이 생긴 모양이나 길 등의 상태
② **정밀**: 아주 정교하고 치밀하여 빈틈이 없고 자세함.
③ **전문**: 어떤 분야에 상당한 지식과 경험을 가지고 오직 그 분야만 연구하거나 맡음.
④ **자료**: 연구나 조사의 바탕이 되는 재료
⑤ **제작**: 재료를 가지고 새로운 물건이나 예술 작품을 만듦.

중심 낱말 찾기

01 다음에서 설명하는 지도를 이 글에서 찾아 쓰세요.

> 김정호가 다양한 지도와 지리학 자료들을 연구하여 완성한 한반도 지도로, 조선 시대에 만들어진 지도 중 가장 뛰어난 것으로 평가받고 있다.

내용 이해

02 이 글의 내용과 일치하면 ◯, 일치하지 않으면 ✕에 표시하세요.

❶ 「대동여지도」는 한반도 전체를 담고 있다. [◯ / ✕]

❷ 김정호는 혼자만의 힘으로 지도와 지리학 자료들을 구하였다. [◯ / ✕]

❸ 「대동여지도」는 몇몇 군데를 제외하면 오늘날의 지도와 거의 똑같다. [◯ / ✕]

어휘 확인

03 다음 낱말이 들어갈 문장을 찾아 선으로 이으세요.

❶ 자료 •　　　　• ㄱ 이곳은 장난감을 (　　　)하는 회사이다.

❷ 제작 •　　　　• ㄴ 나는 더 큰 병원에 가서 (　　　) 검사를 받기로 하였다.

❸ 정밀 •　　　　• ㄷ 그는 보고서를 쓰기 전에 (　　　)을/를 수집하기로 하였다.

중심 내용 찾기

04 다음 빈칸을 채워 이 글의 내용을 정리해 보세요.

> [　][　][　]는 다양한 자료들을 바탕으로 「대동여지도」를 만들었다. 이 지도는 함경북도에서 제주도까지의 [　][　][　] 전체를 담고 있으며 매우 정확한 편이다. 평생을 바쳐 지도를 만들었던 그의 노력은 우리나라 [　][　][　]의 발전에 큰 도움이 되었다.

김정호

글을 읽으면서 중요하다고 생각하는 낱말에 색칠해 보세요.

❷ 김정호에 대한 일본의 왜곡

1910년부터 1945년까지 일본이 강제로 우리나라를 식민지로 삼았던 시기를 일제 [6]강점기라고 해요. 일제 강점기에 일본은 『조선어독본』이라는 국어 교과서를 만들었는데요. 그 책에서 김정호에 대한 내용이 사실과 다르게 꾸며졌다는 것이 우리나라 학자들의 연구를 통해 밝혀졌어요.

『조선어독본』에는 김정호가 혼자 전국을 여러 번 돌면서 「대동여지도」를 만들었다고 쓰여 있어요. 또한 김정호가 지도를 만들기 전까지 조선에서는 제대로 된 지리 연구가 이루어지지 않았다고 하였지요. 하지만 우리나라 학자들은 김정호 혼자 전국을 여러 번 돌며 지도를 완성하는 것은 불가능하다고 보고 있어요. 김정호가 기존에 연구된 조선의 지도와 지리학 자료들을 [7]집대성하여 「대동여지도」를 만들었다고 볼 수 있지요. 일본은 조선의 지리학을 [8]무시하기 위해 이런 이야기를 지어낸 것이에요.

또한 『조선어독본』에서는 흥선 대원군이 김정호가 만든 「대동여지도」로 국가 [9]기밀이 [10]누설된다며 지도를 빼앗았다고 설명하였어요. 심지어 흥선 대원군이 김정호를 감옥에 가두었다고도 하였지요. 그러나 당시의 기록 어디에도 그런 사실은 남아 있지 않답니다.

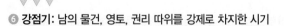

---

[6] **강점기**: 남의 물건, 영토, 권리 따위를 강제로 차지한 시기
[7] **집대성**: 여러 가지를 모아 하나의 체계를 이루어 완성함.
[8] **무시**: 깔보거나 업신여김.
[9] **기밀**: 외부에 드러내서는 안 될 중요한 비밀
[10] **누설**: 비밀이 새어 나감.

05 중심 낱말 찾기

다음과 같은 일을 한 나라를 이 글에서 찾아 쓰세요.

『조선어독본』에 김정호가 지도를 만들기 전까지 조선에서 제대로 된 지리 연구가 이루어지지 않았다고 기록하여 조선의 역사를 왜곡하였다.

내용 이해

06 이 글의 내용과 일치하도록 괄호 안의 낱말 중 알맞은 것에 ○표 하세요.

❶ 김정호는 [일본, 조선]의 지도와 지리학 자료들을 집대성하여 「대동여지도」를 만들었다.

❷ 김정호가 혼자 「대동여지도」를 만들었다는 『조선어독본』의 내용은 사실과 [같음, 다름] 이 밝혀졌다.

어휘 확인

07 다음 뜻을 나타내는 낱말을 쓰세요.

❶ 외부에 드러내서는 안 될 중요한 비밀 ☐☐

❷ 여러 가지를 모아 하나의 체계를 이루어 완성함. ☐☐☐

내용 추론

08 이 글을 읽고 보기에 대해 보일 수 있는 반응으로 알맞은 것은 무엇인가요?

[✎]

보기

흥선 대원군은 김정호가 만든 「대동여지도」를 보고 크게 화를 내며 「대동여지도」를 압수하고, 김정호 부녀를 잡아 감옥에 가두었다. －『조선어독본』

① 흥선 대원군은 외국 세력을 경계하지 않았어.

② 「대동여지도」로 국가 기밀이 누설되었기 때문이야.

③ 김정호는 흥선 대원군 때문에 감옥에 갇혀 있다 죽었어.

④ 일본은 「대동여지도」 제작을 자신들의 업적으로 남기고자 하였어.

⑤ 일본은 조선 정부의 무능함을 부각시키려고 사실이 아닌 내용을 지어 냈어.

|시대| 조선 시대

최제우

글을 읽으면서 중요하다고 생각하는 낱말에 색칠해 보세요.

❶ 동학을 창시하다

최제우가 태어날 당시의 조선은 정치가 아주 ❶혼란하였어요. 게다가 지배층은 백성들의 재산을 강제로 **빼앗기도** 하였고요. 참다못한 백성들이 떼 지어 들고 일어나면서 사회는 더욱 불안해졌어요. 그런데 양반들이 공부하는 유학은 혼란 속에서 아무런 도움이 되지 못하였어요. 게다가 ❷서학을 앞세운 서양 ❸문명도 조선으로 거세게 몰려오고 있었지요.

최제우는 아버지가 돌아가신 후 돈을 벌기 위해 장사를 시작하였어요. 그는 여기저기를 돌아다니면서 어지러운 세상을 보게 되었어요. 특히, 서양 문명이 우리나라의 ❹전통을 흔드는 것에 위기감을 가졌답니다. 최제우는 조선 사회를 구하기 위해 우리나라만의 새로운 종교가 필요하다고 생각하게 되었어요.

그러던 1860년, 최제우는 '하늘'의 목소리를 듣는 신비한 종교적 경험을 하게 되었고, 이 경험을 바탕으로 새로운 종교를 ❺창시하였어요. 그는 자신이 창시한 종교의 이름을 '동학'이라고 지었는데, 이는 서양에서 들어온 서학에 대항한다는 뜻을 담고 있답니다.

최제우가 깨달음을 얻고 동학을 시작한 곳

용담정

---

❶ **혼란**: 뒤죽박죽이 되어 어지럽고 질서가 없음.
❷ **서학**: 서양의 학문이란 의미. 조선 시대에는 '천주교'를 서학이라 불렀음.
❸ **문명**: 인류가 이룩한 물질적, 기술적, 사회적인 발전
❹ **전통**: 어떤 집단이나 공동체에서, 지난 시대부터 이루어져 전해 내려오는 사상·관습·행동 등의 모습
❺ **창시**: 어떤 사상이나 학설을 처음으로 시작함.

중심 낱말 찾기

01 다음 ㄱ, ㄴ에 들어갈 낱말을 이 글에서 찾아 각각 쓰세요.

> 최제우는 (ㄱ   )을 앞세운 서양 문명이 우리나라의 전통을 흔드는 것에
> 위기감을 가져 (ㄴ   )이라는 종교를 창시하였다.

 ㄱ: ㄴ:

내용 이해

02 이 글의 내용과 일치하면 ○, 일치하지 않으면 ✕에 표시하세요.

1 최제우는 서양 문명을 받아들여야 한다고 생각하였다. [○ / ✕]

2 양반들은 유학을 통해 조선 사회의 혼란을 해결하였다. [○ / ✕]

3 최제우는 하늘의 목소리를 듣는 신비한 종교적 경험을 하였다. [○ / ✕]

어휘 확인

03 다음 낱말의 뜻을 찾아 선으로 이으세요.

1 문명 •   • ㄱ 어떤 사상이나 학설을 처음으로 시작함.

2 창시 •   • ㄴ 뒤죽박죽이 되어 어지럽고 질서가 없음.

3 혼란 •   • ㄷ 인류가 이룩한 물질적, 기술적, 사회적인 발전

중심 내용 찾기

04 이 글의 중심 내용으로 알맞은 것은 무엇인가요?   [   ]

① 서양 문명이 조선의 전통을 흔들었다.

② 조선의 양반들은 주로 유학을 공부하였다.

③ 조선 시대에 서양에서 서학이 전해 들어왔다.

④ 최제우는 조선 사회를 구하기 위해 동학을 창시하였다.

⑤ 새로운 종교를 창시하려면 신비한 종교적 경험을 해야 한다.

최제우

글을 읽으면서 중요하다고 생각하는 낱말에 색칠해 보세요.

② 사람을 귀하게 여기다

하늘을 섬기듯이 사람을 섬기세요.

최제우가 창시한 동학은 유교, 불교, 도교 등의 장점을 바탕으로 옛날부터 우리 민족이 믿어 오던 ⑥고유의 사상을 합친 종교였어요. 동학에서는 사람에게 하늘의 마음이 있으니, 하늘을 섬기듯이 사람을 섬기라고 가르쳤지요. 이는 훗날 '사람이 곧 하늘'이라는 '인내천' 사상으로 발전하였어요.

사람을 귀하게 여기라고 가르친 동학은 힘든 삶으로 고통받던 농민과 천민들에게 환영을 받아 전국으로 퍼져 나갔어요. 조선 정부는 인간 ⑦평등사상을 주장하는 동학이 빠르게 확산되자 두려움을 느꼈어요. 조선은 철저한 ⑧신분제 사회였거든요. 마침내 동학을 믿는 농민들은 타락한 정부에 저항하기 시작하였고, 조선 정부는 동학교도들을 ⑨탄압하였어요. 그리고 "나쁜 종교를 만들어 세상을 어지럽히고 백성을 속였다."라는 ⑩죄목으로 최제우를 처형하였어요.

최제우가 죽은 다음에도 동학의 세력은 약해지지 않았어요. 오히려 최제우의 억울함을 풀어 보려는 움직임이 일어났지요. 농민과 천민들의 마음에 뿌리내린 동학은 더욱 확산되어 갔답니다.

---

⑥ **고유**: 본래부터 가지고 있는 특별한 것
⑦ **평등**: 권리, 의무, 자격 등이 차별 없이 고르고 한결같음.
⑧ **신분제**: 대대로 물려받아 고정된 계급 제도
⑨ **탄압**: 권력이나 무력으로 억지로 눌러 꼼짝 못 하게 함.
⑩ **죄목**: 저지른 죄의 명목

중심 낱말 찾기

05 다음에서 설명하는 사상을 이 글에서 찾아 쓰세요.

> 동학의 사상으로, '사람이 곧 하늘'이라는 뜻을 담고 있다.

✎ _____

내용 이해

06 이 글의 내용과 일치하는 것은 무엇인가요? [✎   ]

① 조선 정부는 동학을 인정하였다.

② 동학은 인간 평등사상을 주장하였다.

③ 동학의 교리는 사람을 천하게 여겼다.

④ 최제우가 죽은 후 동학의 세력은 약해졌다.

⑤ 동학은 유교, 불교, 도교 등 기존 사상들을 무시하였다.

어휘 확인

07 다음 밑줄 친 낱말과 뜻이 반대되는 낱말은 무엇인가요? [✎   ]

> 사람은 돈이 많고 적음에 따라 <u>차별</u>받아서는 안 된다.

① 고유   ② 교리   ③ 평등   ④ 탄압   ⑤ 확산

내용 추론

08 이 글을 읽고 알 수 있는 조선 정부의 동학에 대한 입장으로 알맞은 것은 무엇인가요? [✎   ]

① 동학은 빠르게 확산되지 못할 것이다.

② 동학의 인내천 사상을 발전시켜야 한다.

③ 동학이 유교, 불교, 도교를 대신해야 한다.

④ 동학은 신분제를 부정하는 위험한 종교이다.

⑤ 동학의 창시자인 최제우의 억울함을 풀어야 한다.

|시대| 조선 시대

흥선 대원군

글을 읽으면서 중요하다고 생각하는 낱말에 색칠해 보세요.

① 나라를 재정비하기 위한 정치

가 조선의 제25대 왕인 철종은 아들 없이 세상을 떠났어요. 그러자 흥선군 이하응이 자신의 둘째 아들을 임금의 자리에 올려 고종이 즉위하게 되었어요. 흥선군은 임금의 친아버지를 가리키는 '대원군'이 되었는데, 고종의 나이가 어렸기 때문에 흥선 대원군이 ①섭정을 하게 되었답니다.

나 흥선 대원군은 먼저 정치를 개혁하였어요. 그동안 권력을 잡고 마음대로 나라를 운영한 안동 김씨 세력을 몰아내고, 당파에 관계없이 인재를 고루 등용하였어요. 또한 대원군은 나라의 ②재정 문제도 개혁하였는데, ③세금 ④제도를 고쳐 양반들도 세금을 내게 하였지요. 그리고 국가 재산을 몰래 빼돌리는 관리들을 엄하게 처벌하였어요. 이와 같은 흥선 대원군의 개혁 정책들은 백성의 큰 환영을 받았답니다.

다 한편, 흥선 대원군은 왕권 강화를 위해 임진왜란 때 불탄 경복궁을 새로 지었어요. 그런데 이때 건설에 드는 돈을 마련하느라 세금이 늘어났고, 백성들을 무리하게 공사에 ⑤동원하였지요. 이에 흥선 대원군은 백성들의 원망을 듣기도 하였답니다.

왕실의 위엄을 살리려면 경복궁을 다시 지어야 해!

---

① **섭정**: 왕을 대신하여 나라를 다스림.

② **재정**: 돈에 관한 여러 가지 일

③ **세금**: 나라가 필요한 일에 사용하기 위해 국민으로부터 강제로 거두어들이는 돈

④ **제도**: 관습, 법 등의 규칙이나 사회 구조의 체계

⑤ **동원**: 어떤 목적을 달성하기 위해 사람을 모음.

중심 낱말 찾기

01 각 문단의 중심 낱말을 찾아 쓰세요.

가 문단: ☐☐☐ 이 된 흥선군 이하응

나 문단: 백성의 ☐☐ 을 받은 흥선 대원군의 정치적·경제적 개혁

다 문단: ☐☐ 을 새로 지은 흥선 대원군

내용 이해

02 이 글의 내용과 일치하면 ○, 일치하지 않으면 ✕에 표시하세요.

① 고종은 흥선 대원군의 둘째 아들이다. [○ / ✕]

② 경복궁은 흥선 대원군 때 처음 지어졌다. [○ / ✕]

③ 흥선 대원군은 안동 김씨 세력과 손을 잡고 나라를 운영하였다. [○ / ✕]

어휘 확인

03 다음 문장의 빈칸에 들어갈 낱말을 보기에서 찾아 쓰세요.

보기

| 동원 | 세금 | 제도 |

① 정부는 ( )을/를 낮추어 주겠다고 약속하였다.

② 교육부는 대학 입시 ( )을/를 변경하겠다고 밝혔다.

③ 이 영화는 재미있다는 소문이 나서 관객 ( )에 성공하였다.

내용 추론

04 흥선 대원군의 개혁이 백성들에게 환영받은 이유를 바르게 추론한 어린이는 누구인지 쓰세요.

민지 　왕실의 위엄을 세우기 위해 많은 돈을 들여 경복궁을 새로 지었기 때문이야.

현우 　그동안 백성들만 힘들게 세금을 냈는데, 양반들도 세금을 내도록 하였기 때문이야.

흥선 대원군

글을 읽으면서 중요하다고 생각하는 낱말에 색칠해 보세요.

❷ 서양의 통상 요구를 거부하다

흥선 대원군이 권력을 잡았던 당시에는 서양 세력이 아시아를 침략하고 있었어요. 아시아의 강국이었던 청나라마저 전쟁에서 패배하여 서양 세력에 무릎을 꿇고 말았지요. 서양 세력은 조선에도 ❻통상 ❼수교를 요구하였어요. 흥선 대원군은 서양의 문화가 조선에 들어오면 조선 사회가 혼란스러워질 것이라고 염려하였어요. 그래서 서양 국가들의 통상 수교 요구를 거부하였답니다. 그런데 이로 인해 서양 국가들과 갈등이 생겼어요.

1866년 프랑스군이 ❽함대를 끌고 와 조선의 강화도를 ❾점령하는 사건이 일어났어요. 조선군은 프랑스군과 싸워 그들을 내쫓을 수 있었지요. 1866년이 병인년이었기 때문에 이 사건을 병인양요라고 해요. 1871년에는 미국이 군함을 이끌고 강화도로 쳐들어왔어요. 조선군은 어재연의 지휘 아래 목숨을 걸고 싸워 이를 물리쳤지요. 이 사건은 신미년에 일어났기 때문에 신미양요라고 불러요.

프랑스와 미국의 연이은 침입을 받은 흥선 대원군은 나라의 문을 절대 열지 않겠다는 생각을 더욱 확고히 하였어요. 그리고 이러한 뜻을 담은 비석인 ❿척화비를 세웠지요. 흥선 대원군은 종로를 비롯한 전국 각지에 척화비를 세워 자신의 뜻을 알렸답니다.

---

❻ **통상**: 나라들 사이에 서로 물품을 사고팖. 또는 그런 관계
❼ **수교**: 나라와 나라 사이에 교제를 맺음.
❽ **함대**: 바다에서 작전을 수행하는 해군의 연합 부대
❾ **점령**: 어떤 장소를 차지하여 자리를 잡음.
❿ **척화**: 다른 나라와 가깝게 지내자는 것에 반대함.

중심 낱말 찾기
05 다음 ㄱ, ㄴ에 들어갈 사건을 이 글에서 찾아 각각 쓰세요.

> 1866년 프랑스군이 함대를 끌고 와 강화도를 공격한 사건을 (ㄱ   )라고 하며,
> 1871년 미국이 군함을 이끌고 강화도로 쳐들어온 사건을 (ㄴ   )라고 한다.

✎ ㄱ: _____   ㄴ: _____

내용 이해
06 다음 사건이 일어난 순서에 맞게 번호를 쓰세요.

✎	✎	✎
흥선 대원군은 전국 각지에 척화비를 세웠다.	조선군이 병인양요를 일으킨 프랑스군을 조선에서 몰아냈다.	어재연이 지휘하는 조선군이 신미양요에서 미국군을 물리쳤다.

어휘 확인
07 다음 밑줄 친 낱말과 바꾸어 쓸 수 있는 낱말은 무엇인가요? [✎   ]

> 병자호란 때 청나라 군대는 압록강을 건넌 지 8일 만에 조선의 수도 한양을 <u>차지</u>하였다.

① 거부   ② 수교   ③ 요구   ④ 점령   ⑤ 척화

중심 내용 찾기
08 다음 빈칸을 채워 이 글의 내용을 정리해 보세요.

> 흥선 대원군이 서양 세력의 ☐☐ 수교 요구를 거부하자, ☐☐☐ 가 병인
> 양요, ☐☐ 이 신미양요를 일으켰다. 두 나라를 물리친 흥선 대원군은 전국 각지에
> 나라의 문을 절대 열지 않겠다는 뜻을 담은 ☐☐☐ 를 세웠다.

| 시대 | 조선 시대

박규수

글을 읽으면서 중요하다고 생각하는 낱말에 색칠해 보세요.

❶ 조선을 위기에서 구하기 위해 힘쓰다

가 박규수는 조선 후기의 대표적인 실학자인 박지원의 손자예요. 하지만 그가 태어나기 전에 박지원이 세상을 떠났기 때문에 박규수는 아버지를 통해 할아버지 박지원의 실학사상을 배웠어요.

나 박규수는 왕 대신에 ❶세도 가문인 안동 김씨가 권력을 휘두르던 시기에 관리가 되었어요. 이 시기 ❷탐관오리들이 옳지 못한 방법으로 세금을 거두어들여 백성들의 생활은 어려웠지요. 마침내 백성은 1862년에 전국적으로 ❸봉기를 일으켰답니다. 이때 박규수는 왕에게 ❹상소를 올려 사건의 해결책을 제시하였어요.

봉기가 일어나게 만든 관리에게 큰 벌을 내려야 합니다.
– 박규수

다 박규수가 평안도 ❺관찰사로 있었던 1866년에는 미국 배 제너럴셔먼호가 대동강을 거슬러 올라와 통상을 요구하였어요. 당시에 흥선 대원군은 서양 세력과 외교 관계를 맺는 것을 거부하였지요. 박규수는 이러한 정책에 완전히 찬성하지는 않았지만, 나라의 정책을 거스를 수는 없었어요. 결국 박규수는 제너럴셔먼호의 선원들이 횡포를 부리자 평양의 백성들과 함께 제너럴셔먼호를 불태워 버렸답니다.

---

❶ **세도**: 정치상의 권력과 세력. 또는 그 권력과 세력을 마구 휘두르는 일
❷ **탐관오리**: 백성의 재물을 탐내어 빼앗는, 행실이 깨끗하지 못한 관리
❸ **봉기**: 벌 떼처럼 떼 지어 세차게 일어남.
❹ **상소**: 임금에게 글을 올리던 일. 또는 그 글
❺ **관찰사**: 조선 시대에 둔, 각 도의 으뜸 벼슬

글을 이해해요

중심 낱말 찾기

01 각 문단의 중심 낱말을 찾아 쓰세요.

가 문단: ⬚⬚⬚ 의 실학사상을 배운 박규수

나 문단: 1862년에 일어난 ⬚⬚⬚ 의 해결책을 제시한 박규수

다 문단: ⬚⬚⬚⬚⬚ 를 불태워 버린 박규수

내용 이해

02 이 글의 내용과 일치하지 <u>않는</u> 것은 무엇인가요?　[✎　　]

① 박규수는 박지원에게 직접 실학사상을 배웠다.

② 박규수는 평양의 백성들과 함께 제너럴셔먼호를 불태웠다.

③ 박규수가 평안도 관찰사일 때 미국 배가 통상을 요구하였다.

④ 박규수는 세도 가문이 권력을 휘둘렀던 시기에 관리가 되었다.

⑤ 박규수는 전국적인 봉기가 일어났을 때 왕에게 상소를 올렸다.

어휘 확인

03 다음 뜻을 나타내는 낱말을 쓰세요.

❶ 벌 떼처럼 떼 지어 세차게 일어남. ⬚⬚

❷ 임금에게 글을 올리던 일. 또는 그 글 ⬚⬚

❸ 백성의 재물을 탐내어 빼앗는, 행실이 깨끗하지 못한 관리 ⬚⬚⬚⬚

중심 내용 찾기

04 다음 빈칸을 채워 이 글의 내용을 정리해 보세요.

박지원의 손자 ⬚⬚⬚ 는 안동 김씨가 권력을 휘두르던 시기에 관리가 되어 백성들이 봉기를 일으키자 왕에게 해결책을 제시하는 상소를 올렸다. 평안도 관찰사로 있었을 때는 제너럴셔먼호가 ⬚⬚ 을 요구하며 횡포를 부리자, 평양의 백성들과 함께 그 배를 불태워 버렸다.

박규수

글을 읽으면서 중요하다고 생각하는 낱말에 색칠해 보세요.

2 개화사상의 선구자

가 박규수는 당시에 많은 지방관들이 ⁶부패하였던 것과 달리 평생을 ⁷청렴한 관리로 살았으며, 관리로서 가장 높은 자리에 오르기도 하였어요. 그는 우리나라 개화사상의 ⁸선구자로 알려져 있답니다.

나 박규수가 개화사상을 갖게 된 데는 청나라를 다녀온 일이 큰 계기가 되었어요. 그가 관직에 있을 때 청나라를 두 차례 방문하였는데, 그곳에서 서양 세력이 아시아로 밀려오는 ⁹국제 ¹⁰정세를 경험하게 된 것이에요. 이러한 정세 속에서 조선이 살아남으려면 서양의 발전된 문물을 받아들여야 한다고 생각한 것이지요.

다 박규수는 흥선 대원군에게 개화의 필요성을 여러 차례 건의하였어요. 그러나 흥선 대원군은 나라의 문을 절대 열지 않겠다고 하였지요. 결국 박규수는 관직에서 물러나 서울 북촌에 있는 자신의 집에서 개화사상을 연구하였답니다.

라 이 무렵 박규수의 집에는 김옥균, 박영효, 서광범과 같은 젊은이들이 드나들었어요. 박규수는 이들에게 변화하는 국제 정세와 개화의 필요성을 가르쳤지요. 이 젊은이들은 훗날 개화파를 이루어 외국 문물을 수용하는 데 적극 앞장서게 되었답니다.

나라의 문을 열고 외국과 교류해야 한다.

---

⑥ **부패**: 정치, 행동, 생각 등이 잘못되거나 탐욕스러움.
⑦ **청렴**: 성품과 행실이 높고 맑으며, 탐욕이 없음.
⑧ **선구자**: 어떤 일이나 사상에서 다른 사람보다 앞선 사람
⑨ **국제**: 나라 사이에 관계됨.
⑩ **정세**: 정치상의 동향이나 형세

05 다음에서 설명하는 인물 세 명을 이 글에서 찾아 쓰세요.

관직에서 물러난 박규수의 집에 모여, 그에게서 변화하는 국제 정세와 개화의 필요성을 배운 젊은이들이다.

06 다음 내용은 이 글의 가 ~ 라 문단 중 어느 문단과 관련이 깊은지 쓰세요.

박규수는 김옥균, 박영효, 서광범에게 국제 정세를 이렇게 이야기하였다.
"오늘날 중국이 어디에 있는가? 저리 돌리면 미국이 중국이 되고, 이리 돌리면 조선이 중국이 된다. 어떤 나라도 가운데로 오면 중국이 되는데 오늘날 어디에 중국이 있는가?"
박규수의 가르침에 자극을 받은 김옥균 등은 자신들의 개화사상을 발전시켜 나갔다.

07 다음 밑줄 친 낱말과 뜻이 반대되는 낱말은 무엇인가요?　[　　　]

그 선생님은 청렴한 교사여서 많은 학생에게 존경을 받았다.

① 개혁　　　② 개화　　　③ 건의　　　④ 관직　　　⑤ 부패

08 다음 흥선 대원군의 말에 대해 박규수가 보일 수 있는 반응으로 알맞은 것은 무엇인가요?　[　　　]

서양 세력에게 나라의 문을 열었다가는 우리나라가 큰 혼란에 빠질 것이다.

① 맞습니다. 서양 세력은 도덕을 모르는 오랑캐입니다.
② 맞습니다. 서양 세력과의 수교는 섣불리 결정하면 안 됩니다.
③ 맞습니다. 서양 세력에게 나라 문을 열면 장차 우리나라를 빼앗길 것입니다.
④ 아닙니다. 서양 세력은 생각보다 힘이 세지 않습니다.
⑤ 아닙니다. 서양 세력의 발전된 문물을 수용하여 조선도 변화해야 합니다.

18

|시대| 조선 시대

김옥균

글을 읽으면서 중요하다고 생각하는 낱말에 색칠해 보세요.

❶ 급진 개화파를 이끌다

김옥균은 청년 시절에 박규수의 집에서 개화사상을 접하였어요. 박규수의 집은 청년들이 모여 나라의 ❶장래를 고민하고 박규수에게 개화사상을 배우는 장소였지요. 김옥균은 여기에서 만난 젊은 개화 사상가들을 이끌고 모임을 만들었는데, 이러한 사람들의 집단을 ❷급진 개화파라고 불러요.

벼슬길에 나아간 김옥균은 사절단으로 일본을 방문하였다가, 일본의 발전된 모습을 보고 무척 놀랐어요. 그는 조선이 발전하려면 일본처럼 나라의 문을 활짝 열고, 서양의 기술뿐만 아니라 사상과 제도까지 받아들여야 한다고 생각하게 되었지요. 김옥균은 일본을 본받아 급진적인 개화 정책을 ❸추진하고자 고종을 설득하였어요.

그러나 당시 조선은 청나라의 정치적 ❹간섭을 받고 있었어요. 청나라와 친한 관리들은 청나라를 본받아 ❺점진적인 개화를 하자고 주장하였는데, 이들을 온건 개화파라고 불러요. 개화의 방법에 대한 입장이 달랐던 급진 개화파와 온건 개화파는 대립하였고, 급진 개화파는 점차 정치의 중심에서 밀려나게 되었답니다.

❶ **장래**: 다가올 앞날
❷ **급진**: 목적을 급히 실현하고자 함.
❸ **추진**: 목표를 향하여 밀고 나아감.
❹ **간섭**: 직접 관계가 없는 남의 일에 부당하게 참견함.
❺ **점진적**: 조금씩 앞으로 나아감.

중심 낱말 찾기

01 다음 ㄱ, ㄴ에 들어갈 낱말을 이 글에서 찾아 각각 쓰세요.

> 김옥균을 비롯한 (ㄱ   ) 개화파는 (ㄴ   )을 본받아 급진적인
> 개화 정책을 추진하려 하였다.

✎ ㄱ: ㄴ:

내용 이해

02 이 글을 읽고 알 수 있는 내용으로 알맞지 <u>않은</u> 것은 무엇인가요?   [✎   ]

① 당시 조선과 청나라의 관계　　　　② 온건 개화파의 주요 인물들

③ 일본에 간 김옥균이 느낀 점　　　　④ 박규수가 급진 개화파에게 미친 영향

⑤ 온건 개화파와 급진 개화파의 관계

어휘 확인

03 다음 낱말의 뜻을 찾아 선으로 이으세요.

1 간섭 •	• ㄱ 목표를 향하여 밀고 나아감.
2 급진 •	• ㄴ 목적을 급히 실현하고자 함.
3 추진 •	• ㄷ 직접 관계가 없는 남의 일에 부당하게 참견함.

내용 추론

04 온건 개화파가 다음 급진 개화파의 말을 듣고 보일 수 있는 반응으로 알맞은 것은 무엇인가요?   [✎   ]

> 일본을 본받아 서양의 기술뿐만 아니라 사상과 제도까지 전부 받아들여야 합니다.

① 맞습니다. 조선도 일본이 하였던 것처럼 개화해야 합니다.

② 맞습니다. 청나라와의 관계를 끊고 서양의 기술을 받아들여야 합니다.

③ 아닙니다. 서양과의 통상을 모두 금지해야 합니다.

④ 아닙니다. 인재를 고루 뽑아서 탕평책을 실시해야 합니다.

⑤ 아닙니다. 청나라를 본받아 차근차근 개화 정책을 펼쳐야 합니다.

김옥균

글을 읽으면서 중요하다고 생각하는 낱말에 색칠해 보세요.

② 갑신정변을 주도하다

김옥균을 비롯한 급진 개화파는 정치의 중심에서 밀려나자 위기감을 느꼈어요. 급진 개화파는 온건 개화파의 관리들을 ⁶제거하고, 청나라의 간섭에서 벗어나야겠다고 마음먹었지요. 당시 청나라와 ⁷대립하고 있었던 일본도 급진 개화파를 도와주기로 약속하였어요.

급진 개화파는 군사를 일으켜 온건 개화파 관리들을 죽이고 새로운 정부를 세웠어요. 그리고 자신들이 꿈꾸는 나라를 만들기 위한 14가지의 개혁안을 발표하였어요. 이 사건은 갑신년인 1884년에 일어났다고 해서 갑신⁸정변이라고 불려요.

그러나 급진 개화파의 개혁은 3일 만에 끝나고 말았어요. 청나라의 군대가 예상보다 빨리 들이닥쳤고, 일본은 급진 개화파를 돕겠다는 약속을 지키지 않았기 때문이에요. 결국 급진 개화파는 대부분 청군에 붙잡혀 죽임을 당하였어요. 김옥균은 간신히 일본으로 도망쳤지만, 훗날 조선 정부가 보낸 ⁹자객에 의해 살해당하였지요. 옛 조선을 고쳐 새로운 조선을 만들고 싶었던 김옥균의 ¹⁰시도는 이렇게 좌절되었어요.

김옥균의 노력은 근대적 조선을 만들고자 하였다는 점에서 높이 평가받아요. 하지만 ㉠ 나라를 위기로 몰아넣었다는 비판을 받기도 한답니다.

---

⑥ **제거:** 없애 버림.

⑦ **대립:** 의견이나 처지가 서로 반대됨. 또는 그런 관계

⑧ **정변:** 무력으로 정권을 빼앗는 등 비합법적인 수단으로 생긴 정치상의 큰 변동

⑨ **자객:** 사람을 몰래 죽이는 일을 전문으로 하는 사람

⑩ **시도:** 어떤 것을 이루어 보려고 계획하거나 행동함.

중심 낱말 찾기

05 다음에서 설명하는 사건을 이 글에서 찾아 쓰세요.

> 김옥균을 비롯한 급진 개화파가 온건 개화파를 몰아내고 새로운 정부를 세우기 위해 일으킨 정변이다. 이 정변은 청나라 군대의 진압으로 3일 만에 실패로 돌아갔다.

내용 이해

06 이 글의 내용과 일치하면 ○, 일치하지 않으면 ✕에 표시하세요.

❶ 급진 개화파는 일본의 도움을 받아 개혁에 성공하였다. [○ / ✕]

❷ 김옥균을 비롯한 급진 개화파는 1884년 갑신정변을 일으켰다. [○ / ✕]

어휘 확인

07 다음 문장의 빈칸에 들어갈 낱말을 보기에서 찾아 쓰세요.

> **보기**
>
> 대립   시도   제거

❶ 나는 그 일을 (   )도 안 하고 포기해 버렸다.

❷ 냉장고 냄새를 (   )하기 위해 청소를 하였다.

❸ 두 사람은 의견 (   )이/가 심해서 좀처럼 화해하지 않았다.

내용 추론

08 김옥균이 ㉠과 같은 평가를 받는 까닭으로 알맞은 것은 무엇인가요? [   ]

① 14가지의 개혁안을 발표하였기 때문에

② 청나라의 간섭에서 벗어나고자 하였기 때문에

③ 서양의 기술과 사상을 받아들이려고 하였기 때문에

④ 조선 정부가 보낸 자객에 의해 살해당하였기 때문에

⑤ 일본을 등에 업고 정변을 일으켜 나라를 큰 혼란에 빠뜨렸기 때문에

|시대| 조선 시대

전봉준

글을 읽으면서 중요하다고 생각하는 낱말에 색칠해 보세요.

❶ 동학 농민 운동을 이끌다

전봉준이 살았던 시기 조선은 안팎으로 어려움을 겪었어요. 나라 곳곳에서 탐관오리가 횡포를 부렸고, 서양 세력들은 조선을 두고 경쟁하였지요. 살기 어려운 세상에서 동학은 백성들에게 희망을 준 종교였어요. 사람을 하늘처럼 섬기라는 동학의 가르침은 전봉준에게도 새로운 사회를 만들 수 있다는 ❶희망을 주었답니다.

전봉준은 전라도 고부 지역 동학의 책임자가 되었어요. 그는 고부 지역의 ❷군수인 조병갑의 횡포가 심해지자, 1894년 1월 분노한 농민들을 이끌고 고부 ❸관아로 쳐들어갔어요. 그리고 나서 창고의 곡식들을 농민들에게 나누어 주고, 죄 없이 옥에 갇힌 사람들도 풀어 주었어요. 하지만 상황은 나아지지 않았어요.

1894년 3월 전봉준은 농민군을 모아 다시 봉기하였는데, 이들 중에는 ❹동학교도들도 있었어요. 전봉준은 손화중, 김개남과 함께 동학 농민군을 이끌었어요. 1만여 명에 가까운 동학 농민군은 ❺관군과 싸워 전라도 일대를 장악하고 마침내 전주성까지 점령하였어요. 놀란 조선 정부는 청나라에 군대를 요청하였지요. 그런데 청군이 조선에 도착하자, 일본도 조선으로 군대를 보냈답니다.

❶ **희망:** 앞으로 잘될 수 있는 가능성
❷ **군수:** 조선 시대에 둔, 지방 행정 단위인 군의 으뜸 벼슬
❸ **관아:** 예전에, 벼슬아치들이 모여 나랏일을 처리하던 곳
❹ **동학교도:** 동학을 믿는 사람이나 그 무리
❺ **관군:** 예전에, 국가에 소속되어 있던 정규 군대

중심 낱말 찾기

01 다음 ㄱ, ㄴ에 들어갈 낱말을 이 글에서 찾아 각각 쓰세요.

> 고부 지역의 군수인 (ㄱ   )의 횡포를 견디다 못한 전봉준과 농민들은 고부 관아로 쳐들어갔다. 하지만 상황이 나아지지 않자 전봉준은 손화중, 김개남과 함께 동학 농민군을 이끌고 봉기하여 (ㄴ   )까지 점령하였다.

✏️ ㄱ: ㄴ:

내용 이해

02 다음 빈칸에 들어갈 내용으로 알맞은 것은 무엇인가요? [✏️   ]

> 동학 농민군이 전주성을 점령하자, 조선 정부는 청나라에 도움을 요청하였다. 청나라의 군대가 조선에 도착하자, _____

① 동학이 창시되었다.   ② 일본이 조선에 군대를 보냈다.

③ 조병갑이 고부 군수가 되었다.   ④ 농민들이 고부 관아로 쳐들어갔다.

⑤ 전봉준이 전라도 고부 지역 동학의 책임자가 되었다.

어휘 확인

03 다음 뜻을 나타내는 낱말을 쓰세요.

❶ 앞으로 잘될 수 있는 가능성 ☐☐

❷ 예전에, 국가에 소속되어 있던 정규 군대 ☐☐

❸ 예전에, 벼슬아치들이 모여 나랏일을 처리하던 곳 ☐☐

중심 내용 찾기

04 이 글의 중심 내용으로 알맞은 것은 무엇인가요? [✏️   ]

① 조선의 관군은 힘이 세지 않았다.

② 전봉준은 외국 세력을 몰아내고자 하였다.

③ 전봉준이 동학 농민군을 이끌고 봉기하였다.

④ 전봉준이 살았던 시기에 동학이 확산되었다.

⑤ 조선 말기에는 탐관오리의 횡포가 심하였다.

전봉준

글을 읽으면서 중요하다고 생각하는 낱말에 색칠해 보세요.

② 일본을 몰아내기 위한 재봉기

조선 땅에 청나라와 일본 군대가 주둔하자, 조선 정부는 동학 농민군에게 [6]화약을 맺을 것을 제안하였어요. 동학 농민군은 정부와 전주 화약을 [7]체결한 후, 자신들의 개혁안을 실시할 것을 정부로부터 약속받고 스스로 해산하였어요. 이후 동학 농민군은 자신들이 사는 전라도 각 지역에 집강소라는 [8]자치 행정 기구를 설치하고 이를 통해 개혁을 추진하며 스스로 마을을 다스렸어요.

한편, 동학 농민군이 해산하였는데도 청군과 일본군은 물러가지 않았어요. 심지어 일본군은 경복궁을 점령하고 조선의 정치에 간섭하기 시작하였지요. 그리고 청나라의 군대를 공격하여 청일 전쟁을 일으켰어요.

전봉준을 비롯한 동학 농민군은 일본군을 몰아내기 위해 1894년 9월 다시 봉기하였어요. 하지만 좋은 무기를 가진 관군과 일본군에게 질 수밖에 없었지요. 전봉준은 부하의 [9]밀고로 체포되었는데, 이때 크게 다쳐 가마에 실려 재판장으로 나왔어요. 재판의 결과 전봉준은 처형되었지만, 그가 이끈 동학 농민 운동은 조선 사회를 개혁하고 [10]외세를 몰아내기 위해 노력하였다는 점에서 의미가 있답니다.

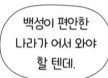

백성이 편안한 나라가 어서 와야 할 텐데.

---

[6] **화약**: 화목하게 지내자는 약속
[7] **체결**: 계약이나 조약 따위를 공식적으로 맺음.
[8] **자치**: 자기 일을 스스로 다스림.
[9] **밀고**: 남몰래 일러바침.
[10] **외세**: 외국의 세력

정답 114쪽

05 다음에서 설명하는 기구를 이 글에서 찾아 쓰세요.

> 동학 농민 운동을 벌인 동학 농민군이 전라도 각 지역에 설치한 자치 행정 기구이다.

✏ _____

중심 낱말 찾기 — 내용 이해

06 전봉준이 이끈 동학 농민군에 대한 설명으로 알맞지 <u>않은</u> 것은 무엇인가요?

[ ]

① 조선 사회를 개혁하고자 하였다.
② 조선 정부와 전주 화약을 맺었다.
③ 일본을 몰아내기 위해 다시 봉기하였다.
④ 경복궁을 점령하고 조선의 정치에 간섭하였다.
⑤ 전라도 각 지역에 자치 행정 기구를 설치하였다.

어휘 확인

07 다음 낱말의 뜻을 찾아 선으로 이으세요.

1 밀고 • • **ㄱ** 남몰래 일러바침.

2 자치 • • **ㄴ** 자기 일을 스스로 다스림.

3 체결 • • **ㄷ** 계약이나 조약 따위를 공식적으로 맺음.

내용 추론

08 다음은 동학 농민군이 요구하였던 개혁안의 내용이에요. 이를 통해 알 수 있는 동학 농민 운동의 성격으로 알맞은 것은 무엇인가요?

[✏]

> • 백성들의 재산을 빼앗는 탐관오리들을 처벌할 것
> • 과부의 재혼을 허용하고 노비 문서를 불태울 것

① 고종을 몰아내려 하였다.   ② 조병갑을 내쫓으려 하였다.
③ 조선을 무너뜨리려 하였다.   ④ 청나라를 물리치려 하였다.
⑤ 조선 사회를 개혁하려 하였다.

|시대| 조선 시대

서재필

글을 읽으면서 중요하다고 생각하는 낱말에 색칠해 보세요.

❶ 독립신문을 창간하다

가 서재필은 개화 사상가로, 스무 살이 되던 해 갑신정변에 참여하였어요. 하지만 갑신정변은 3일 만에 실패로 끝나고 말았지요. 이로 인해 서재필은 ❶역적이 되어 간신히 일본으로 도망갔다가, 다시 미국으로 건너갔어요. 그는 미국에서 일과 공부를 같이 하며 고단한 시간을 보낸 끝에 의사가 되었어요. 그러던 중 자신에게서 역적의 죄명이 벗겨졌다는 소식을 듣고, 서재필은 다시 조선에 돌아왔답니다.

나 서재필은 강대국들의 위협에서 나라를 지켜 조선이 ❷독립을 이루어야 한다고 생각하였어요. 이를 위해서는 무엇보다 국민들을 교육하여 ❸계몽하는 것이 중요하다고 판단하였어요. 그래서 서재필은 우리나라 최초의 ❹민간 신문인 독립신문을 ❺창간하였답니다.

다 당시의 지배층은 한문을 진짜 글자라고 생각하여 한글을 무시하였어요. 하지만 서재필은 ㉠순 한글로 독립신문을 만들었지요. 독립신문은 영어로도 만들어져 외국인들에게 우리나라의 소식을 알리는 역할도 하였어요. 독립신문은 조선 사람들의 애국심을 키우고 근대화 사상을 일깨우는 데 큰 역할을 하였답니다.

❶ **역적**: 통치자에게서 나라를 다스리는 권한을 빼앗으려고 한 사람
❷ **독립**: 남의 지배 아래 매여 있거나 의존하지 않는 독자적 상태가 됨.
❸ **계몽**: 지식수준이 낮은 사람을 가르쳐서 깨우침.
❹ **민간**: 일반 백성들 사이란 뜻으로, 관청이나 정부 기관에 속하지 않음.
❺ **창간**: 신문의 첫 번째 호를 펴냄.

85

중심 낱말 찾기

01 각 문단의 중심 낱말을 찾아 쓰세요.

가 문단: ☐☐☐☐ 에 참여한 후 미국으로 건너간 서재필

나 문단: 조선에서 민간 신문인 ☐☐☐☐ 을 창간한 서재필

다 문단: ☐☐ 사람들의 애국심을 키우고 근대화 사상을 일깨운 독립신문

내용 이해

02 서재필에 대한 설명으로 알맞지 <u>않은</u> 것은 무엇인가요? [✎   ]

① 갑신정변에 참여하였다.

② 독립신문을 창간하였다.

③ 미국에서 의사가 되었다.

④ 역적의 죄명이 끝내 벗겨지지 않았다.

⑤ 국민들을 계몽하는 것이 중요하다고 생각하였다.

어휘 확인

03 다음 뜻을 나타내는 낱말을 쓰세요.

1 신문의 첫 번째 호를 펴냄. ☐☐

2 통치자에게서 나라를 다스리는 권한을 빼앗으려고 한 사람 ☐☐

3 남의 지배 아래 매여 있거나 의존하지 않는 독자적 상태가 됨. ☐☐

내용 추론

04 ㉠의 효과로 알맞은 것은 무엇인가요? [✎   ]

① 강대국들의 위협에서 벗어날 수 있었다.

② 외국인들에게 우리나라의 소식을 알렸다.

③ 조선 사람들의 외국어 실력을 향상시켰다.

④ 당시 지배층이 한문 대신 한글을 쓰게 되었다.

⑤ 한문을 모르는 국민들도 쉽게 신문을 읽을 수 있었다.

서재필

글을 읽으면서 중요하다고 생각하는 낱말에 색칠해 보세요.

② 독립 협회를 이끌다

독립신문을 통해 계몽 운동을 펼치던 서재필은 독립 협회도 이끌었어요. 독립 협회는 서재필을 비롯한 개화 지식인들이 모여 만든 단체였지요. 독립 협회는 외세의 침략에 맞서기 위한 정치적, 사회적 활동을 펼쳐 나갔어요.

독립 협회는 국민 [6]성금을 모아 영은문을 헐고 독립문을 세웠어요. 영은문은 조선 시대에 중국 사신을 모시기 위해 세웠던 문이에요. 이를 허물고, 외국의 간섭을 받지 않는 독립국 조선의 [7]상징으로 독립문을 세운 것이지요.

또한 독립 협회는 서울 종로에서 만민 공동회를 열어 조선에서 각종 [8]이권을 빼앗아 가던 외세에 맞섰어요. 만민 공동회는 모든 사람이 함께 모였다는 뜻으로, 독립 협회가 [9]주최한 [10]집회예요. 이 집회에 모인 수천 명의 사람들은 강대국들의 경제적 침략을 강력히 비판하였어요.

이와 같은 서재필과 독립 협회의 활동은 국민들에게 독립 정신을 일깨웠어요. 그러나 조선 정부와 강대국들의 탄압을 받은 서재필은 미국으로 떠나게 되었고, 독립 협회도 곧 해산당하고 말았지요. 하지만 이후에도 서재필은 미국에서 우리나라의 독립을 위해 끊임없이 노력하였답니다.

강대국들이 조선이 경제적 이익을 얻을 수 있는 권한을 빼앗아가고 있습니다!

---

[6] **성금**: 정성으로 내는 돈
[7] **상징**: 추상적인 개념이나 사물을 구체적인 사물로 나타냄.
[8] **이권**: 이익을 얻을 수 있는 권리
[9] **주최**: 행사나 모임을 주장하고 기획하여 엶.
[10] **집회**: 여러 사람이 어떤 목적을 위하여 일시적으로 모임.

중심 낱말 찾기

05 다음에서 설명하는 낱말을 이 글에서 찾아 쓰세요.

독립 협회에서 영은문을 헐고 그 자리에 독립국 조선의 상징으로 세운 문이다.

✎ _____

내용 이해

06 만민 공동회에 대한 설명으로 알맞지 <u>않은</u> 것은 무엇인가요? [✎   ]

① 서울 종로에서 열렸다.

② 독립 협회에서 주최하였다.

③ 독립문 세우는 일을 논의하였다.

④ 강대국의 경제적 침략을 비판하였다.

⑤ 모임의 이름은 모든 사람이 함께 모였다는 뜻이다.

어휘 확인

07 다음 문장의 빈칸에 들어갈 낱말을 보기 에서 찾아 쓰세요.

보기

상징   이권   집회

❶ 십자가는 전통적으로 기독교의 (   )이/가 되어 왔다.

❷ 환경 단체는 환경 보호를 주장하는 (   )을/를 열었다.

❸ 강대국들이 조선의 (   )을/를 빼앗아 가는 것이 심해졌다.

중심 내용 찾기

08 다음 빈칸을 채워 이 글의 내용을 정리해 보세요.

서재필을 비롯한 개화 지식인들은 ☐☐☐☐ 를 만들고 독립문을 세웠으며, 서울 종로에서 ☐☐☐☐☐ 를 개최하여 외세의 침략을 비판하였다.

실력 확인

01 다음에서 설명하는 사건으로 알맞은 것은 무엇인가요? [✎   ]

> 능양군의 주도로 광해군을 왕위에서 쫓아내고, 능양군이 새로운 왕으로 즉위한 사건이다.

① 계유정난   ② 인조반정
③ 왕자의 난   ④ 위화도 회군

02 최명길이 중국과의 관계에서 주장한 내용으로 알맞은 것은 무엇인가요? [✎   ]

① 청나라와 강화해야 한다.
② 청나라를 정복해야 한다.
③ 명나라와 전쟁을 벌여야 한다.
④ 청나라에 항복해서는 안 된다.
⑤ 명나라와의 의리를 지켜야 한다.

03 다음에서 설명하는 사람은 누구인지 쓰세요.

> 조선의 어부로, 일본에 건너가 울릉도와 독도는 일본 땅이 아니라는 공식 문서를 받아 왔다.

✎ _____

04 영조의 업적으로 알맞은 것은 무엇인가요? [✎   ]

① 규장각을 설치하였다.
② 탕평책을 실시하였다.
③ 『경국대전』을 완성하였다.
④ 『성학십도』를 저술하였다.
⑤ 명나라와 후금 사이에서 중립 외교를 펼쳤다.

05 다음 중 검색 결과로 알맞지 <u>않은</u> 것은 무엇인가요? [✎   ]

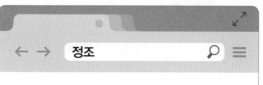

> ① 수원 화성을 쌓았다.
> ② 사도 세자의 아들이다.
> ③ 『동국문헌비고』를 편찬하였다.
> ④ 영조의 뒤를 이어 왕위에 올랐다.
> ⑤ 상인들의 자유로운 활동을 보장하였다.

06 다음 밑줄 친 '선행'에 해당하는 활동으로 알맞은 것은 무엇인가요? [✎   ]

> 정조는 김만덕의 <u>선행</u>을 전해 듣고, 그녀의 소원을 들어주게 하였다. 이에 김만덕은 한양의 궁궐과 금강산을 구경하고 싶다고 하였다.

① 도산 서당에서 학생들을 가르쳤다.
② 『성학집요』를 지어 왕에게 올렸다.
③ 농민들을 위해 대공수미법을 건의하였다.
④ 자신의 재산으로 어려운 사람들을 도왔다.
⑤ 임진왜란 때 의령에서 의병을 조직하였다.

07 다음에서 설명하는 인물은 누구인가요? [✎   ]

> • 『성호사설』이라는 책을 지었다.
> • 실학이 조선 사회에 뿌리내리도록 하였다.
> • 부자들이 무한정으로 토지를 가지지 못하도록 제한하자고 주장하였다.

① 권율   ② 이익
③ 이황   ④ 김정호

08 다음 보기 에서 정약용의 활동을 골라 알맞게 짝지은 것은 무엇인가요? [✎   ]

> **보기**
> ㉠ 거중기를 만들었다.
> ㉡ 동학을 창시하였다.
> ㉢ 농사 발전을 위한 책을 지었다.
> ㉣ 임진왜란 때 조선의 분조를 이끌었다.

① ㉠, ㉢   ② ㉡, ㉢
③ ㉡, ㉣   ④ ㉢, ㉣

09 박지원이 쓴 책으로 알맞은 것은 무엇인가요?
[✎   ]

① 『난설헌집』   ② 『동호문답』
③ 『열하일기』   ④ 『흠흠신서』

10 박제가가 『북학의』에서 주장한 내용으로 알맞은 것은 무엇인가요? [✎   ]

① 의병을 양성하여야 한다.
② 공납을 쌀 등으로 통일해서 걷어야 한다.
③ 서양의 문물을 수용한 청나라를 배워야 한다.
④ 후금과 명나라 사이에서 중립을 지켜야 한다.
⑤ 학생들이 성리학을 공부해야 나라가 발전할 수 있다.

11 다음 그림들을 그린 조선의 화가는 누구인지 쓰세요.

> ・「무동」   ・「서당」   ・「씨름」

✎ _____

12 신윤복이 그린 그림에 대한 설명으로 알맞은 것은 무엇인가요? [✎   ]

① 서민의 생활 모습을 주로 그렸다.
② 여성을 주제로 한 그림은 그리지 않았다.
③ 풀과 벌레들을 그린 초충도를 많이 남겼다.
④ 남녀 간의 낭만이나 애정을 표현한 그림이 많았다.
⑤ 그림이 그려진 당시 사람들에게 많은 사랑을 받았다.

13 김정희의 활동에 대한 설명으로 알맞지 <u>않은</u> 것은 무엇인가요? [✎   ]

① 청나라에 다녀왔다.
② 추사체라는 글씨체를 만들었다.
③ 다산 초당에서 학문 연구를 하였다.
④ 귀양살이를 하면서 「세한도」를 그렸다.
⑤ 북한산 비석이 신라 진흥왕 순수비임을 밝혔다.

14 다음 지도에 대한 설명으로 알맞은 것은 무엇인가요? [✎   ]

△ 대동여지도

① 김정호가 완성하였다.
② 도화서에서 제작되었다.
③ 흥선 대원군의 명령으로 만들었다.
④ 오늘날의 지도와는 다른 점이 많다.
⑤ 청나라에 갔던 사절단이 조선으로 들여왔다.

15 동학에 대한 설명으로 알맞지 <u>않은</u> 것은 무엇인가요?　[　✎　]

① 서학에 대항하였다.
② 최제우가 창시하였다.
③ 조선 정부의 지원을 받았다.
④ 인간 평등사상을 주장하였다.
⑤ 농민과 천민들에게 환영을 받았다.

16 다음 가상 인터뷰의 빈칸에 들어갈 내용으로 알맞은 것은 무엇인가요?　[　✎　]

기　자	최근 척화비를 세우셨는데요. 그 이유는 무엇인가요?
흥선 대원군	_____을 알리기 위해서입니다.
기　자	이 정책에 병인양요와 신미양요가 영향을 주었나요?
흥선 대원군	그렇다고 볼 수 있지요.

① 섭정을 시작한다는 사실
② 경복궁을 새로 짓는 목적
③ 양반에게 세금을 걷는 정책
④ 나라 문을 열지 않겠다는 뜻
⑤ 서양 국가와 통상 수교를 맺은 사실

17 박규수가 흥선 대원군에게 하였을 말로 알맞은 것은 무엇인가요?　[　✎　]

① 탕평책을 계승하여야 합니다.
② 국제 정세를 볼 때 개화가 필요합니다.
③ 명나라와의 의리를 우선시해야 합니다.
④ 능력 있는 인재들을 규장각에 등용해야 합니다.
⑤ 나라를 다스리는 데 불교를 근본으로 삼아야 합니다.

18 급진 개화파에 대한 설명으로 알맞지 <u>않은</u> 것은 무엇인가요?　[　✎　]

① 갑신정변을 일으켰다.
② 김옥균 등이 속하였다.
③ 서양의 사상과 제도까지 수용하고자 하였다.
④ 청나라처럼 점진적인 개화를 추진하려 하였다.
⑤ 새 정부를 세우고 14가지의 개혁안을 발표하였다.

19 다음 보기 의 내용을 일어난 순서대로 기호를 쓰세요.

보기
㉠ 전봉준이 부하의 밀고로 체포되었다.
㉡ 동학 농민군과 정부가 전주 화약을 맺었다.
㉢ 동학 농민군은 전라도 각 지역에 집강소를 설치하였다.
㉣ 동학 농민군이 전라도 일대를 장악하고 전주성을 점령하였다.

✎ _____ ▶ _____ ▶ _____ ▶ _____

20 다음 ㉠~㉤ 중 알맞지 <u>않은</u> 것은 무엇인가요?　[　✎　]

서재필은 ㉠ 우리나라 최초의 민간 신문인 독립신문을 만들었다. 이 신문은 ㉡ 순 한글로 발행되는 한편, ㉢ 영어로도 발행되어 외국인들에게 우리나라의 소식을 알리는 역할을 하였다. 서재필은 독립 협회도 이끌었다. 독립 협회는 ㉣ 국민 성금을 모아 독립문을 세웠으며, ㉤ 평양에서 횡포를 부리는 제너럴셔먼호를 불태워 버렸다.

① ㉠　② ㉡　③ ㉢　④ ㉣　⑤ ㉤

정답

완자

공부력 가이드

완자 공부력 시리즈는
앞으로도 계속 출간될 예정입니다.

국어 맞춤법 바로 쓰기
1~2학년용
4책

쓰기력

전과목 어휘
1~6학년용
12책

전과목 한자 어휘
1~6학년용
12책

영어 파닉스
1~2학년용
2책

영어 영단어
3~6학년용
8책

어휘력

국어 독해
1~6학년용
12책

한국사 독해
인물편
3~6학년용
4책

한국사 독해
시대편
3~6학년용
4책

독해력

수학 계산
1~6학년용
12책

계산력

완자 공부력 시리즈로 공부 근육을 키워요!

매일 성장하는
초등 자기개발서
ⓦ 완자
공부력

학습의 기초가 되는 읽기, 쓰기, 셈하기와 관련된
공부력을 키워야 여러 교과를 터득하기 쉬워집니다.
또한 어휘력과 독해력, 쓰기력, 계산력을 바탕으로 한
'공부력'은 자기주도 학습으로 상당한 단계까지 올라갈 수
있는 밑바탕이 되어 줍니다. 그래서 매일 꾸준한 학습이
가능한 '**완자 공부력 시리즈**'로 공부하면 **자기주도학습**이
가능한 **튼튼한 공부 근육**을 키울 수 있을 것이라 확신합니다.

효과적인 공부력 강화 계획을 세워요!

◎ 학년별 공부 계획
내 학년에 맞게 꾸준하게 공부 계획을 세워요!

		1-2학년	3-4학년	5-6학년
기본	독해	국어 독해 1A 1B 2A 2B	국어 독해 3A 3B 4A 4B	국어 독해 5A 5B 6A 6B
	계산	수학 계산 1A 1B 2A 2B	수학 계산 3A 3B 4A 4B	수학 계산 5A 5B 6A 6B
	어휘	전과목 어휘 1A 1B 2A 2B	전과목 어휘 3A 3B 4A 4B	전과목 어휘 5A 5B 6A 6B
		파닉스 1 2	영단어 3A 3B 4A 4B	영단어 5A 5B 6A 6B
확장	어휘	전과목 한자 어휘 1A 1B 2A 2B	전과목 한자 어휘 3A 3B 4A 4B	전과목 한자 어휘 5A 5B 6A 6B
	쓰기	맞춤법 바로 쓰기 1A 1B 2A 2B		
	독해		한국사 독해 인물편 1 2 3 4	
			한국사 독해 시대편 1 2 3 4	

시기별 공부 계획

학기 중에는 **기본**, 방학 중에는 **기본 + 확장**으로 공부 계획을 세워요!

방학 중			
학기 중			
기본			**확장**
독해	계산	어휘	어휘, 쓰기, 독해
국어 독해	수학 계산	전과목 어휘	전과목 한자 어휘
		파닉스(1~2학년) 영단어(3~6학년)	맞춤법 바로 쓰기(1~2학년) 한국사 독해(3~6학년)

예시 **초1 학기 중 공부 계획표** 주 5일 하루 3과목 (45분)

월	화	수	목	금
국어 독해	국어 독해	국어 독해	국어 독해	국어 독해
수학 계산	수학 계산	수학 계산	수학 계산	수학 계산
전과목 어휘	파닉스	전과목 어휘	전과목 어휘	파닉스

예시 **초4 방학 중 공부 계획표** 주 5일 하루 4과목 (60분)

월	화	수	목	금
국어 독해	국어 독해	국어 독해	국어 독해	국어 독해
수학 계산	수학 계산	수학 계산	수학 계산	수학 계산
전과목 어휘	영단어	전과목 어휘	전과목 어휘	영단어
한국사 독해 인물편	전과목 한자 어휘	한국사 독해 인물편	전과목 한자 어휘	한국사 독해 인물편

01 인조

1 광해군을 몰아내고 왕이 되다

글을 읽으면서 중요하다고 생각하는 낱말에 색칠해 보세요.

선조에게는 14명의 아들이 있었어요. 이 중 둘째 아들인 광해군이 조선 제15대 왕으로 왕위에 올랐지요. 광해군은 즉위한 후 선조의 다섯째 아들이자, 자신의 이복동생인 정원군을 많이 ①견제하였어요. 정원군에게는 여러 아들이 있었는데, 그중 맏아들이 훗날 인조가 된 능양군이에요.

광해군은 임금의 자리를 빼앗길지 모른다는 불안감 때문에 많은 사람을 ②역모로 몰아 처벌하였는데, 능양군의 동생도 역모 죄로 죽었어요. 아들의 죽음에 충격을 받은 정원군도 건강이 나빠져 세상을 떠나고 말았지요. 동생과 아버지의 연이은 죽음은 능양군이 광해군을 몰아낼 결심을 하는 ③배경이 되지 않았을까요?

마침내 능양군은 자신을 따르는 군사를 모아 궁궐로 쳐들어갔어요. 그는 광해군이 사람들을 많이 죽였고, 정치를 잘못하였기 때문에 왕의 ④자격이 없다고 주장하였어요. 광해군은 급히 도망갔지만 붙잡혀서 왕위에서 쫓겨났지요. 그리고 선조의 계비였던 인목 대비의 허락을 얻어 능양군이 왕위에 올라 인조가 되었어요. 이 사건을 인조 ⑤반정이라고 한답니다.

광해군을 폐위하고 인조가 왕위에 오르는 것을 허락한다.

---

① 견제: 상대방이 힘을 키우거나 자유롭게 행동하지 못하도록 억누름.
② 역모: 왕에게서 나라를 다스리는 권한을 빼앗으려고 함.
③ 배경: 사건이나 인물 등을 둘러싼 주위의 상황.
④ 자격: 어떤 일을 하는 데 필요한 조건이나 능력.
⑤ 반정: 옳지 못한 임금을 폐위하고 새 임금을 세워 나라를 바로잡음. 또는 그런 일

중심 낱말 찾기

01 다음에서 설명하는 사건을 이 글에서 찾아 쓰세요.

능양군이 자신을 따르는 사람들을 모아 군사를 일으켜 광해군을 몰아내고 왕위에 올랐다.

✎ 인조반정

내용 이해

02 이 글의 내용과 일치하지 않는 것은 무엇인가요? [✎ ②]

① 광해군은 왕위에서 쫓겨났다.
② 광해군은 슬기로운 정치를 펼쳤다.
③ 광해군과 정원군은 선조의 아들이다.
④ 광해군은 많은 사람을 역모로 몰아 처벌하였다.
⑤ 능양군은 광해군 때문에 동생과 아버지를 잃었다.

도움말 | ② 광해군이 많은 사람을 역모로 몰아 처벌하였다는 내용은 광해군이 슬기로운 정치를 펼쳤다는 내용과 거리가 멀어요.

어휘 확인

03 다음 낱말의 뜻을 찾아 선으로 이으세요.

1 견제 ━━ ㉠ 어떤 일을 하는 데 필요한 조건이나 능력

2 역모 ━━ ㉡ 왕에게서 나라를 다스리는 권한을 빼앗으려고 함.

3 자격 ━━ ㉢ 상대방이 힘을 키우거나 자유롭게 행동하지 못하도록 억누름.

중심 내용 찾기

04 다음 빈칸을 채워 이 글의 내용을 정리해 보세요.

능양군은 군사를 이끌고 궁궐로 쳐들어가 도망가려던 [광][해][군] 을 붙잡아 왕위에서 쫓아내고, 자신이 새로운 왕인 인조가 되었다. 이 사건을 [인][조][반][정] 이라고 한다.

2 병자호란의 비극을 불러오다

광해군이 집권한 당시 중국의 상황이 크게 변하여 명나라는 무너져가고, 후금이 강해지고 있었어요. 이러한 상황에서 광해군은 명나라와 후금 모두와 ⑥원만한 관계를 유지하기 위해 중립 외교 정책을 펼쳤어요.

반면, 왕위에 오른 인조는 후금을 ⑦오랑캐라 무시하고 명나라와의 관계만 중시하였어요. 그러자 후금은 1627년 조선에 쳐들어와 정묘호란을 일으켰어요. 조선은 후금에 맞서 싸웠으나 패하였고, 후금과 형제 관계를 맺기로 하고 전쟁을 끝냈어요.

정묘호란 이후 후금은 세력을 더 키워 나라 이름을 '청'으로 바꾸고 조선에 신하의 나라가 되라고 요구하였어요. 조선이 청나라의 요구를 거절하자 청나라가 조선에 다시 쳐들어왔는데, 이를 병자호란이라고 해요. 청나라의 침입에 놀란 인조는 남한산성으로 ⑧피신한 뒤 청나라에 맞섰어요. 그러나 남한산성에는 전쟁 준비가 되어 있지 않았고 식량도 부족하였지요. 청군이 남한산성을 포위하고 압박하자, 인조는 청나라에 항복하기로 결정하였어요. 그는 청나라의 군대가 있는 삼전도로 나가 청나라 황제에게 세 번 절하고 아홉 번 머리를 ⑨조아리는 굴욕적인 항복 의식을 치렀어요. 게다가 수십만 명의 백성들이 강제로 청나라로 끌려가 ⑩비참한 생활을 하게 되었답니다.

이런 치욕을 겪다니!

---

⑥ 원만하다: 서로 사이가 좋다.
⑦ 오랑캐: 다른 민족을 낮잡아 부르는 말.
⑧ 피신: 위험을 피하여 몸을 숨김.
⑨ 조아리다: 상대편에게 존경의 뜻을 보이거나 애원하느라고 이마가 바닥에 닿을 정도로 머리를 자꾸 숙이다.
⑩ 비참: 더할 수 없이 슬프고 끔찍함.

중심 낱말 찾기

05 다음에서 설명하는 전쟁을 이 글에서 찾아 쓰세요.

인조가 후금을 오랑캐라 무시하고 명나라와의 관계만 중시하자, 후금이 1627년 조선에 침입한 전쟁이다.

✎ 정묘호란

내용 이해

06 병자호란의 영향이 맞으면 ○, 맞지 않으면 ×에 표시하세요.

① 후금이 건국되었다. [○ / ⓧ] → 병자호란 이전에 후금이 건국되었어요.
② 조선의 수십만 백성이 강제로 청나라에 끌려갔다. [◯ / ×]

어휘 확인

07 다음 문장의 빈칸에 들어갈 낱말을 보기 에서 찾아 쓰세요.

보기
| 비참 | 원만 | 피신 |

① 범인은 (피신)한 지 1년이 못 되어 체포되었다.
② 폭발 사고 현장의 (비참)한 모습은 말로 다 할 수 없는 지경이다.
③ 우리 가족은 친척들과 (원만)한 관계를 맺고 있어서 자주 즐거운 시간을 보낸다.

내용 추론

08 다음 인조의 말에 대한 광해군의 반응으로 가장 알맞은 것은 무엇인가요? [✎ ⑤]

인조 오랑캐인 후금을 멀리하고 명나라와 친하게 지내야 합니다.

① 맞습니다. 후금이 쳐들어오면 명나라가 도와줄 것입니다.
② 맞습니다. 후금은 오랑캐에 불과하니 우리가 싸워 이길 수 있습니다.
③ 맞습니다. 명나라와 친하게 지내면 후금은 자연스레 멀어질 것입니다.
④ 아닙니다. 조선은 명나라, 후금 모두와 친하게 지낼 필요가 없습니다.
⑤ 아닙니다. 후금의 힘이 점점 강해지니 두 나라 모두와 사이좋게 지내야 합니다.

도움말 | 광해군은 명나라와 후금 모두와 원만한 관계를 유지하려고 노력하였어요.

02 최명길

1 청나라와의 강화를 주장하다

글을 읽으면서 중요하다고 생각하는 낱말에 색칠해 보세요.

최명길은 인조를 국왕으로 만든 ①공신 중 한 사람이었어요. 그래서 인조가 왕이 된 이후 중요한 벼슬을 하며 출세의 길을 달렸지요. 최명길은 인조반정을 이끈 핵심 인물이었음에도 청나라가 조선에 신하의 예를 갖출 것을 요구하였을 때 청나라와의 ②강화를 주장하였어요. 당시 청나라가 매우 ③강성하였기 때문이에요. 하지만 인조와 김상헌 등 대다수의 신하들은 명나라와의 ④의리를 지키기 위해서는 청나라와의 싸움도 ⑤각오해야 한다고 하였어요. 결국 1636년 병자호란이 일어났지요.

최명길은 이 전쟁에서 조선이 승리할 수 없음을 알아차렸어요. 그의 예상대로 청군은 압록강을 건넌 지 6일 만에 한성까지 왔고, 인조는 남한산성으로 겨우 피신하였지요. 남한산성에서 포위당한 조선 정부는 청나라와 계속 싸울 것인지, 강화를 맺을 것인지 결정해야 하였어요. 최명길은 이때에도 강화를 주장하였어요. 청나라와 싸워 이길 힘이 없는데, 계속 싸웠다가는 나라가 망하고 백성들이 죽을 것이기 때문이었어요. 결국 인조가 청나라에 항복함으로써 전쟁은 겨우 끝이 났답니다.

청나라와 싸워야 합니다.

나라가 위험하니 청나라와 강화를 맺어야 합니다.

---

① 공신: 나라를 위하여 특별한 공을 세운 신하
② 강화: 싸우던 두 편이 싸움을 그치고 평화로운 상태가 됨.
③ 강성: 힘이 강하고 번성함.
④ 의리: 상대방과의 관계에서 지켜야 할 도리
⑤ 각오: 앞으로 해야 할 일이나 겪을 일에 대한 마음의 준비

012쪽 013쪽

중심 낱말 찾기

01 다음에서 설명하는 사건을 이 글에서 찾아 쓰세요.

> 1636년에 청나라가 조선을 침입하여 일어난 전쟁이다. 전쟁이 일어나자 인조는 남한산성으로 피신하였고 결국 청나라에 항복하였다.

✎ 병자호란

내용 이해

02 이 글의 내용과 일치하면 ○, 일치하지 않으면 ✕에 표시하세요.

① 최명길은 청나라와의 강화를 주장하였다. [○/✕]
② 청나라가 쳐들어왔을 때 인조는 끝까지 한양을 지켰다. [○/✕] → 인조는 남한산성으로
③ 남한산성에서 조선은 청나라에 항복할 것을 결정하였다. [○/✕] 피신하였어요.

어휘 확인

03 다음 낱말의 뜻을 찾아 선으로 이으세요.

① 각오 ———— ㉠ 상대방과의 관계에서 지켜야 할 도리
② 강화 ———— ㉡ 싸우던 두 편이 싸움을 그치고 평화로운 상태가 됨.
③ 의리 ———— ㉢ 앞으로 해야 할 일이나 겪을 일에 대한 마음의 준비

중심 내용 찾기

04 다음 빈칸을 채워 이 글의 내용을 정리해 보세요.

최명길은 청나라와의 전쟁을 막기 위해 강화 를 주장하였지만, 인조는 이를 받아들이지 않았다. 청나라가 조선을 침입하여 병자호란 이 일어나자 인조는 남한산성 으로 피신하여 항전하였지만 결국 항복하였다.

2 선비들의 비판을 받다

㉮ 병자호란이 일어났을 때 최명길은 청나라에 항복한다는 문서를 직접 썼어요. 최명길은 항복을 해서라도 나라와 백성을 지켜야 한다고 생각하였기 때문이에요. 그러나 당시에 많은 선비는 명나라에 대한 의리를 지켜야 한다고 생각하였어요. 설사 청나라가 쳐들어와 나라가 망하더라도 말이지요. 그래서 청나라와의 강화를 주장한 최명길은 선비들로부터 많은 ⑥비판을 받았어요.

항복해서라도 나라와 백성을 지켜야 해.

㉯ 최명길이 죽은 후에도 조선의 선비들 사이에서 그에 대한 ⑦논란이 계속되었답니다. 나라의 위기를 잘 극복하게 하였다는 좋은 ⑧평가도 있었어요. 그러나 다수의 선비들은 명나라의 은혜를 배신하고 오랑캐에게 나라를 팔아먹었다며 최명길을 비판하였지요. 그래서 최명길은 후대의 선비들에게 ⑨소인배라고 불리기도 하였어요.

㉰ 그러나 오늘날에는 최명길을 높이 평가하는 사람도 많아요. 그 이유는 선비들의 비판을 견디면서 나라를 구하기 위해 노력하였고, 결과적으로 전쟁을 끝내는 데 큰 ⑩역할을 하였기 때문이에요. 이렇듯 역사적 인물에 대한 평가는 시대와 사람에 따라 달라질 수 있답니다.

---

⑥ 비판: 옳고 그름을 판단하여 밝히거나 잘못된 점을 지적.
⑦ 논란: 여럿이 서로 다른 주장을 내며 다툼.
⑧ 평가: 사물의 가치나 수준 등을 평함.
⑨ 소인배: 마음 씀씀이가 좁고 간사한 사람들
⑩ 역할: 자기가 맡아서 해야 할 직책이나 임무

중심 낱말 찾기

05 각 문단의 중심 낱말을 찾아 쓰세요.

㉮ 문단: 많은 선비에게 비판 을 받았던 최명길
㉯ 문단: 최명길을 둘러싼 선비들 사이의 논란
㉰ 문단: 오늘날 최명길에 대한 평가

014쪽 015쪽

내용 이해

06 최명길이 청나라에 항복한다는 문서를 쓴 까닭으로 알맞은 것은 무엇인가요? [✎ ①]

① 나라와 백성을 지키기 위해서
② 청나라에 은혜를 갚기 위해서
③ 자신이 조선의 왕이 되기 위해서
④ 명나라에 대한 의리를 지키기 위해서
⑤ 자신에 대한 선비들의 논란을 잠재우기 위해서

도움말 | 최명길은 항복을 해서라도 나라와 백성을 지켜야 한다고 생각하여 청나라에 항복한다는 문서를 썼어요.

어휘 확인

07 다음 뜻을 나타내는 낱말을 쓰세요.

① 사물의 가치나 수준 등을 평함. 평가
② 여럿이 서로 다른 주장을 내며 다툼. 논란
③ 옳고 그름을 판단하여 밝히거나 잘못된 점을 지적. 비판

내용 추론

08 최명길을 비판한 선비들의 생각으로 알맞은 것은 무엇인가요? [✎ ⑤]

① 명나라, 청나라 모두와 친하게 지내자.
② 청나라에 항복해서라도 나라를 지키자.
③ 전쟁을 막기 위해 청나라와 강화를 하자.
④ 명나라의 힘이 약해졌으므로 명나라의 은혜를 배신하자.
⑤ 청나라가 쳐들어오더라도 명나라에 대한 의리를 지키자.

도움말 | 선비들은 명나라에 대한 의리를 지켜야 한다고 주장하며 최명길을 비판하였어요.

03 안용복

① 울릉도와 독도를 지키다

016쪽
017쪽

글을 읽으면서 중요하다고 생각하는 낱말에 색칠해 보세요.

조선 시대에 울릉도와 독도에는 사람이 살지 않았어요. 가끔씩 조선 어부들이 ^①어업만 하였지요. 이 틈을 타 일본 어부들이 이곳에서 몰래 어업 활동을 하였어요. 어느 날 안용복은 울릉도에서 물고기를 잡다가 이곳에서 고기잡이를 하는 일본 어부들을 발견하게 되었지요. 그는 일본 어부들에게 왜 남의 나라에서 고기잡이를 하느냐고 ^②항의하였어요. 그러다 일본 어부들에게 잡혀 일본으로 끌려가고 말았어요.

왜 조선의 바다에서 고기잡이를 하느냐!

일본 관리에게 조사를 받게 된 안용복은 울릉도와 독도는 조선의 땅이며, 자신을 일본에 끌고 온 것은 잘못된 일이라고 당당히 말하였어요. 결국 일본 정부에서도 안용복의 주장을 받아들여 울릉도와 독도는 일본 땅이 아니라는 ^③공식 문서를 써 주었지요.

게다가 안용복 일을 ^④계기로, 조선 정부와 일본 정부는 새로운 ^⑤협상을 하였어요. 바로 일본 정부가 울릉도와 독도를 조선의 영토로 인정하고, 이곳에서 일본 어부들이 활동하는 것을 금지한다는 내용이었지요. 이 협상은 울릉도와 독도가 조선의 고유 영토임을 확인한 아주 중요한 결정이었답니다.

❶ 어업: 돈을 벌 목적으로 물고기, 조개 등을 잡거나 기르는 일
❷ 항의: 못마땅한 생각이나 반대의 뜻을 주장함.
❸ 공식: 국가적이나 사회적으로 인정된 공적인 방식
❹ 계기: 어떤 일이 일어나거나 변화하도록 만드는 결정적인 원인이나 기회
❺ 협상: 어떤 목적에 맞는 결정을 하기 위하여 서로 의논함.

중심 낱말 찾기

01 이 글의 내용과 일치하도록 괄호 안의 낱말 중 알맞은 것에 ○표 하세요.

❶ 안용복은 조선 영토인 [대마도, (울릉도)]에서 어업을 하는 일본 어부들에게 항의하였다.
❷ 일본 정부는 조선 정부와의 협상을 통해 울릉도와 독도가 [일본, (조선)]의 영토임을 인정하였다.

내용 이해

02 이 글의 내용과 일치하는 것은 무엇인가요? [✎ ④]

① 안용복은 일본에 가서 물고기를 잡았다.
② 조선 시대에는 독도에 사람이 많이 살았다.
③ 일본 정부는 안용복의 주장을 받아들이지 않았다.
④ 일본에서 안용복은 울릉도와 독도가 우리 땅임을 주장하였다.
⑤ 조선 정부는 울릉도에서 일본 어부들이 활동하는 것을 허락하였다.

도움말 | 안용복은 일본으로 끌려가 일본 관리에게 조사를 받으면서 울릉도와 독도가 우리 땅이라고 주장하였어요.

어휘 확인

03 다음 뜻을 나타내는 낱말을 쓰세요.

❶ 못마땅한 생각이나 반대의 뜻을 주장함. 항의
❷ 어떤 목적에 맞는 결정을 하기 위하여 서로 의논함. 협상
❸ 돈을 벌 목적으로 물고기, 조개 등을 잡거나 기르는 일 어업
❹ 어떤 일이 일어나거나 변화하도록 만드는 결정적인 원인이나 기회 계기

중심 내용 찾기

04 다음 빈칸을 채워 이 글의 내용을 정리해 보세요.

안용복은 조선 영토에서 어업을 하는 일본 어부들을 보고 울릉도와 독도 가 조선의 땅이라고 항의하다가 일본까지 끌려가 조사를 받았다. 이후 조선 정부와 협상을 한 일본 정부는 울릉도와 독도 를 조선의 영토로 인정하고 이곳에서 일본 어부들이 활동하는 것을 금지하기로 하였다.

② 고난을 겪다

018쪽
019쪽

가 안용복이 일본에 건너가 울릉도와 독도가 우리 영토임을 확인받고 돌아왔을 때, 그에게 내려진 것은 상이 아닌 처벌이었어요. 그는 억울함을 ^⑥호소하였지만 허락 없이 ^⑦국경을 넘어간 죄로 ^⑧곤장을 백 대나 맞았지요.

나 그로부터 3년 뒤 안용복은 울릉도에서 여전히 어업 활동을 하는 일본 어부들을 보았어요. 이에 안용복은 또다시 일본으로 건너가 일본 정부에 강하게 항의하였지요. 그 결과 일본인이 독도에 가지 못하게 한다는 내용의 문서를 받아왔어요.

다 그러나 조선에 돌아온 안용복은 허락 없이 일본을 드나들고 관원인 것처럼 행동하였다는 이유로 ^⑨유배에 처해졌어요. 그 이후 안용복이 어떻게 되었는지는 알 수 없어요. 그의 나이, 죽음 등에 대한 정확한 기록이 남아 있지 않기 때문이에요.

라 안용복은 우리나라 역사에서 독도와 관련이 깊은 사람 중 한 명이에요. 울릉도와 독도가 조선 땅이라는 사실을 ^⑩명시한 문서를 남길 수 있었던 데는 안용복의 공이 컸지요. 두 차례나 일본에 건너가 우리 영토를 지키기 위해 노력한 안용복은 뛰어난 용기와 애국심을 가진 인물이었답니다.

독도는 우리나라 제일 동쪽에 있는 영토랍니다!

❻ 호소: 억울하거나 딱한 사정을 남에게 간곡히 알림.
❼ 국경: 나라와 나라의 영역을 가르는 경계
❽ 곤장: 나무로 길고 넓적하게 만들어 죄인의 볼기를 때리던 기구
❾ 유배: 죄인을 먼 시골이나 섬으로 보내어 일정한 기간 동안 그곳에서만 살게 하던 형벌
❿ 명시: 분명하게 드러내 보임.

중심 낱말 찾기

05 각 문단의 중심 낱말을 찾아 쓰세요.

가 문단: 허락 없이 국경 을 넘은 죄로 벌을 받은 안용복
나 문단: 한 번 더 일본 으로 건너간 안용복
다 문단: 조선에 돌아와 유배 에 처해진 안용복
라 문단: 용기와 애국심을 가지고 울릉도와 독도 를 지키고자 노력한 안용복

내용 이해

06 이 글을 읽고 알 수 있는 내용으로 알맞지 않은 것은 무엇인가요? [✎ ①]

① 안용복이 태어난 연도
② 안용복이 한 일의 의의
③ 안용복이 받은 처벌의 내용
④ 안용복이 처벌을 받은 이유
⑤ 안용복이 일본에 또다시 건너간 이유

도움말 | ① 안용복이 태어난 연도는 이 글에서 설명하고 있지 않아요.

어휘 확인

07 다음 낱말의 뜻을 찾아 선으로 이으세요.

❶ 국경 — ㉠ 분명하게 드러내 보임.
❷ 명시 — ㉡ 나라와 나라의 영역을 가르는 경계
❸ 호소 — ㉢ 억울하거나 딱한 사정을 남에게 간곡히 알림.

내용 추론

08 이 글을 읽고 느낀 점을 바르게 말한 어린이는 누구인지 쓰세요.

대현 허락 없이 국경을 넘어간 안용복은 처벌받아 마땅해.
영주 가치가 있는 땅이라면 일본처럼 남의 영토라도 빼앗고자 할 수 있는 거야.
은서 두 차례나 일본으로 건너가 우리 영토를 지키려 노력한 안용복의 용기를 본받아야겠어.

도움말 | 이 글을 읽고 안용복이 용기와 애국심을 가지고 우리 영토를 지키려고 하였음을 알 수 있어요. ✎ 은서

04 영조

1 탕평책을 실시하다

글을 읽으면서 중요하다고 생각하는 낱말에 색칠해 보세요.

영조는 조선의 임금들 중에서 가장 오래 살았고, 재위 기간도 52년으로 가장 길었어요. 영조는 재위 기간에 농업을 ①장려하고 ②민생을 위한 법을 많이 만들어 백성들의 삶을 안정시켰어요. 학문을 좋아하여 「동국문헌비고」 등 많은 책을 편찬하였으며, 정치의 문제점을 해결하기 위해서도 많은 노력을 기울였지요.

당시 조선의 정치는 ③붕당 간의 다툼이 아주 심하였어요. 다툼에서 패배한 붕당의 사람들은 목숨을 잃기도 하였지요. 그래서 각 붕당은 살아남기 위해 더욱 심하게 싸우게 되었답니다.

영조는 왕이 되는 과정에서 노론이라는 붕당의 도움을 받았지만, 정치를 안정시키기 위해서는 각 붕당 간의 갈등을 줄여야 한다고 생각하였어요. 그래서 각 붕당에서 고르게 인재를 ④등용하는 정책을 펼쳤어요. 이것을 탕평책이라고 해요. 영조는 붕당 간의 싸움을 막겠다는 의지를 담아 성균관 입구에 탕평비를 세웠어요. 영조의 노력으로 여러 붕당의 인물들이 골고루 정치에 참여하였고, 붕당 간의 다툼을 어느 정도 ⑤완화할 수 있었답니다.

① 장려: 좋은 일에 힘쓰도록 북돋아 줌.
② 민생: 일반 백성의 생활
③ 붕당: 조선 시대에, 이념과 이해에 따라 이루어진 사림의 집단을 이르던 말
④ 등용: 인재를 뽑아서 씀.
⑤ 완화: 긴장된 상태를 느슨하게 함.

중심 낱말 찾기

01 다음에서 설명하는 정책을 이 글에서 찾아 쓰세요.

> 영조가 붕당 간의 싸움을 막기 위하여 각 붕당에서 고르게 인재를 등용하였던 정책이다.

✎ 탕평책

020쪽
021쪽

내용 이해

02 이 글을 읽고 알 수 있는 내용으로 알맞지 <u>않은</u> 것은 무엇인가요? [✎ ②]

① 탕평책의 의미
② 영조의 가족 관계
③ 영조의 재위 기간
④ 붕당 간의 심한 다툼
⑤ 영조가 왕이 될 때 도움을 준 붕당

도움말 | ② 이 글에 영조의 가족 관계에 대한 설명은 나와 있지 않아요.

어휘 확인

03 다음 문장의 빈칸에 들어갈 낱말을 보기에서 찾아 쓰세요.

> 보기
> 민생   완화   장려

① 어머니는 줄곧 나에게 저축을 (장려)하셨다.
② 남북 정상 회담으로 남북 간의 긴장이 (완화)되었다.
③ 정치가들은 (민생) 문제를 우선적으로 해결해야 한다.

내용 추론

04 영조의 탕평책을 바르게 평가한 어린이는 누구인지 쓰세요.

> 소현   정치 세력의 균형을 꾀하였어.
> 재민   노론을 성장시키려는 정책이었어.
> 현준   전쟁의 위기를 모면하려는 목적이 있었어.

✎ 소현

도움말 | 탕평책으로 여러 붕당 인물들이 골고루 정치에 참여하였으므로, 탕평책은 정치 세력의 균형을 꾀한 정책이었다고 볼 수 있어요.

---

2 아들을 죽인 비극의 왕

가 영조는 백성들을 위한 정치를 펼쳤고, 탕평책을 통해 붕당의 다툼도 어느 정도 ⑥해결하였어요. 그래서 지금도 훌륭한 왕으로 평가받고 있지요. 하지만 아들인 사도 세자를 스스로 죽인 ⑦비극을 겪은 왕이기도 하답니다.

나 사도 세자는 왕실의 기대를 한 몸에 받으며 성장하였어요. 하지만 그가 글공부에 별로 관심을 가지지 않자, 아버지인 영조는 아들을 자주 혼냈고 아들은 아버지를 피하게 되었지요. 이러한 ⑧갈등은 사도 세자가 어른이 되자 더욱 심해졌어요. 영조의 심한 꾸짖음으로 사도 세자는 마음의 병을 얻게 되었어요.

다 당시 모든 권력을 차지하고 있던 노론도 사도 세자에 대해 사사건건 트집을 잡고 모함을 하였어요. 그럴수록 사도 세자는 궁궐 내에서 칼을 휘둘러 궁녀를 죽이거나, 백성들의 돈을 빼앗는 등 점점 비정상적인 행동들을 하였어요. 영조의 ⑨분노와 ⑩고민은 깊어져 갔어요. 결국 영조는 사도 세자에게 벌을 내리기로 결심하였지요. 곡식을 담아 두는 뒤주 속에 사도 세자를 가둔 것이에요. 뒤주에 갇힌 사도 세자는 8일 만에 굶어 죽고 말았어요. 이 사건은 조선 왕실의 가장 비극적인 사건 중 하나로 기억되고 있답니다.

사도 세자를 뒤주에 가두고 아무 것도 주지 마라.

⑥ 해결: 제기된 문제나 얽힌 일을 잘 처리함.
⑦ 비극: 인생의 슬픈 일을 당하여 불행한 경우를 이르는 말
⑧ 갈등: 개인이나 집단 사이에 목표나 이해관계가 달라 서로 적대시하거나 충돌함.
⑨ 분노: 화가 나서 성을 냄.
⑩ 고민: 마음속으로 괴로워하고 애를 태움.

중심 낱말 찾기

05 각 문단의 중심 낱말을 찾아 쓰세요.

가 문단: 지금도 훌륭한 왕으로 평가받는 | 영 | 조 |
나 문단: 영조의 심한 꾸짖음으로 마음의 병을 얻은 | 사 | 도 | 세 | 자 |
다 문단: 사도 세자를 | 뒤 | 주 | 속에 가두어 죽게 한 영조

022쪽
023쪽

내용 이해

06 이 글을 읽고 알 수 있는 내용으로 알맞지 <u>않은</u> 것은 무엇인가요? [✎ ①]

① 사도 세자의 아들
② 사도 세자의 죽음
③ 영조와 사도 세자의 갈등
④ 영조에 대한 오늘날의 평가
⑤ 사도 세자의 비정상적인 행동들

도움말 | ① 사도 세자의 아들에 관한 내용은 이 글에서 확인할 수 없어요.

어휘 확인

07 다음 낱말의 뜻을 찾아 선으로 이으세요.

① 갈등 ·   ⓐ 마음속으로 괴로워하고 애를 태움.

② 고민 ·   ⓑ 인생의 슬픈 일을 당하여 불행한 경우를 이르는 말

③ 비극 ·   ⓒ 개인이나 집단 사이에 목표나 이해관계가 달라 서로 적대시하거나 충돌함.

중심 내용 찾기

08 다음 빈칸을 채워 이 글의 내용을 정리해 보세요.

> 영조는 아들인 사도 세자를 자주 혼냈는데 | 사 | 도 | 세 | 자 |와의 갈등이 점점 심해지자 사도 세자를 뒤주 속에 가두어 굶어 죽게 하였다. 이 사건은 조선 왕실의 가장 | 비 | 극 |적인 사건 중 하나로 기억되고 있다.

05 정조

1 개혁 정치를 펼치다

024쪽 / 025쪽

글을 읽으면서 중요하다고 생각하는 낱말에 색칠해 보세요.

조선 제22대 왕인 정조는 사도 세자의 아들이에요. 정조는 ¹세손이었지만 아버지가 죄인으로 죽음을 맞았기 때문에 왕위에 오르는 과정은 쉽지 않았어요. 그렇지만 많은 어려움을 극복하고 정조는 25세의 나이에 영조의 뒤를 이어 왕위에 올랐답니다. 그리고 여러 가지 ²개혁 정치를 펼쳐 나갔어요.

정조는 할아버지인 영조의 탕평책을 ³계승하였어요. 그동안 정치에서 ⁴소외된 세력을 등용하여 정치에 참여하도록 하였지요. 그리고 상인들의 자유로운 활동을 보장하여 상업의 발전을 이루려고 하였어요.

또한 정조는 왕실 도서관인 규장각을 만들었어요. 규장각에서는 훌륭한 정치를 펼치기 위한 방법을 연구하고, 많은 책들을 ⁵체계적으로 정리하였어요. 그리고 정조는 능력이 뛰어나지만 ⁶서자라는 신분 때문에 차별받던 사람들을 규장각에 등용하였어요. 이를 기반으로 정조 시기에 규장각은 정치적, 문화적으로 매우 중요한 역할을 하게 되었답니다.

능력이 있는 젊은이들을 규장각에 모아 인재를 키워야겠어.

① 세손: 다음 왕이 될 왕자의 맏아들
② 개혁: 제도나 기구 등을 새롭게 뜯어고침.
③ 계승: 조상의 전통이나 업적 등을 물려받아 이어 나감.
④ 소외: 어떤 무리에서 따돌리거나 기피하여 멀리함.
⑤ 체계적: 일정한 원리에 따라서 낱낱의 부분이 짜임새 있게 조직되어 통일된 전체를 이루는 것
⑥ 서자: 양반이 정식 부인이 아닌 다른 평민 백성에게서 낳은 아들

중심 낱말 찾기
01 다음에서 설명하는 기구를 이 글에서 찾아 쓰세요.

> 정조 때 만들어진 왕실 도서관이다. 이곳에서는 훌륭한 정치를 펼치기 위한 방법을 연구하고, 많은 책들을 체계적으로 정리하였다.

✏️ 규장각

내용 이해
02 이 글의 내용과 일치하지 않는 것은 무엇인가요? [✏️ ⑤]

① 정조는 사도 세자의 아들이다.
② 정조는 영조의 탕평책을 계승하였다.
③ 정조는 영조의 뒤를 이어 왕위에 올랐다.
④ 정조는 규장각에 서자 출신을 등용하였다.
⑤ 정조는 상인들의 자유로운 상업 활동을 막았다.

도움말 | ⑤ 정조는 상인들의 자유로운 활동을 보장하여 상업의 발전을 이루려고 하였어요.

어휘 확인
03 다음 대화에서 빈칸에 공통으로 들어갈 낱말로 알맞은 것은 무엇인가요? [✏️ ②]

> 정조는 많은 어려움을 극복하고 왕위를 ( )하였어.

> 그렇구나! 정조는 붕당 사이의 싸움을 막기 위해 영조의 탕평책도 ( )하였지.

① 개혁 ② 계승 ③ 등용 ④ 발전 ⑤ 소외

도움말 | 계승은 '조상의 업적 등을 물려받아 이어 나감.', '왕의 자리를 물려받음.' 등의 뜻으로 쓰여요.

중심 내용 찾기
04 다음 빈칸을 채워 이 글의 내용을 정리해 보세요.

> 사도 세자의 아들이며 영조의 뒤를 이어 왕이 된 정조는 탕평책을 계승하고 규장각을 만드는 등 여러 가지 개혁 정치를 펼쳤다.

2 수원 화성에 담긴 정조의 꿈

026쪽 / 027쪽

효심이 깊었던 정조는 아버지 사도 세자의 무덤을 풍수지리에 있어 길한 장소로 여겨진 수원의 화산으로 옮겼어요. 그리고 이를 계기로 수원에 화성을 쌓았지요. 정조는 수원을 한양 다음가는 큰 도시로 만들고, ㉠자신의 정치를 펼칠 중심지로 삼고자 하였답니다.

수원 화성은 건설하는 데 10년 정도 걸릴 거라 예상하였어요. 그런데 뛰어난 건축 기술이 ⁷도입되면서 빠른 속도로 건설되어 3년이 채 되기 전에 완성되었어요. 정확한 설계도가 있었고, 정약용이 만든 ⁸거중기, ⁹녹로와 같은 새로운 기구들이 공사에 사용된 덕분이지요. 성을 쌓는 사람들에게 일한 만큼 돈을 지급한 것도 건축 기간을 단축하는 데 한 몫 하였어요.

정조는 수원 화성을 쌓으면서 주변에 농장과 ¹⁰저수지를 만들고 새로운 농사 방법을 ¹¹시험하였어요. 상인들의 자유로운 활동을 위한 여러 정책을 펼쳐 수원을 상업 도시로 만들려고도 하였지요. 또한 정조는 장용영이라는 군사들을 훈련시켜 자신을 호위하도록 하였어요. 이처럼 정조는 수원에서 자신의 여러 정책을 시험하고, 이곳을 자신의 개혁을 뒷받침하는 도시로 키워 나갔답니다.

녹로가 무거운 돌을 옮기는 데 도움이 되는군.

---

⑦ 도입: 기술이나 방법 등을 끌어 들임.
⑧ 거중기: 예전에 무거운 물건을 들어 올리는 데에 쓰던 기계로, 주로 큰 건축에 사용함.
⑨ 녹로: 높은 곳이나 먼 곳으로 무엇을 달아 올리거나 끌어당길 때 쓰는 도르래
⑩ 저수지: 물을 모아 두기 위하여 하천이나 골짜기를 막아 만든 큰 못
⑪ 시험: 사물의 성질이나 기능에 대한 사실을 실제로 경험하여 보는 일

중심 낱말 찾기
05 다음 ㉠, ㉡에 들어갈 낱말을 이 글에서 찾아 각각 쓰세요.

> 정조는 아버지 사도 세자의 무덤을 옮기는 일을 계기로 수원에 (㉠)을 쌓았는데, 이 일에 (㉡)이 만든 거중기와 녹로가 사용되었다.

✏️ ㉠: 화성 ㉡: 정약용

내용 이해
06 이 글의 내용과 일치하면 ○, 일치하지 않으면 ✕에 표시하세요.

① 정조는 수원 화성으로 수도를 옮겼다. [○/✕] → 수원으로 천도하였다는 내용은 없어요.
② 정조는 사도 세자의 무덤을 수원으로 옮겼다. [○/✕]
③ 수원 화성을 쌓는 데 거중기 같은 새로운 기구들이 사용되었다. [○/✕]

어휘 확인
07 다음 중 '도입'이 들어갈 문장으로 알맞지 않은 것은 무엇인가요? [✏️ ③]

① 새로운 이론이 □□되었다.
② 과거 시험에서 새로운 단계가 □□되었다.
③ 나는 취미가 다른 친구들에게서 □□되었다.
④ 이번 공사에는 첨단 장비를 □□하기로 하였다.
⑤ 삼국 시대에 불교가 □□되면서 불상이 만들어졌다.

도움말 | ③에 들어갈 낱말로 알맞은 것은 '소외'예요.

내용 추론
08 ㉠에 대해 잘못 추론한 어린이는 누구인지 쓰세요.

민환	농업 발달에 힘을 기울였어.
정연	상업을 발전시키고자 하였어.
현주	신하의 권리를 강화하려고 하였어.

✏️ 현주

도움말 | 장용영 설치는 왕권을 강화하려 한 정책이에요.

06 김만덕

1 제주 사람들을 살린 선행

글을 읽으면서 중요하다고 생각하는 낱말에 색칠해 보세요.

가 김만덕은 제주도에서 상인의 딸로 태어났어요. 그런데 그녀가 열한 살 되던 해에 아버지가 장사를 하고 돌아오던 중 ①풍랑을 만나 목숨을 잃었어요. 이듬해에 어머니도 그 충격으로 돌아가셨지요. 부모님을 잃은 김만덕은 기생의 ②수양딸이 되었어요. 갑자기 ③천민 신분이 되어 기방에서 기생들의 시중을 들게 되었지만 김만덕은 용기를 잃지 않았답니다.

나 김만덕은 스무 살이 되었을 때 제주 목사를 찾아가 부모를 잃고 가난으로 부득이 기녀가 된 사정을 밝히고 양인 신분을 되찾았어요. 양인이 된 김만덕은 가게를 열어 상인으로 활동하였지요. 장사 수완이 좋았던 김만덕은 제주도의 물품을 육지에 팔고, 육지의 물품을 제주도에 팔아 큰돈을 벌었어요.

다 그러던 어느 해, 제주도에 심한 ④흉년이 계속되면서 굶어 죽는 사람이 늘어 가고 있었어요. 이때 김만덕은 그동안 자신이 모은 모든 재산을 털어 육지의 쌀을 사들여 제주 사람들에게 내놓았어요. 그녀 덕에 많은 제주 사람들이 살게 되었고, 김만덕을 칭찬하는 소리가 나라 안에 ⑤자자하였답니다.

쌀을 받아 가세요!

❶ 풍랑: 해상에서 바람이 강하게 불어 일어나는 물결
❷ 수양딸: 남의 자식을 데려다가 제 자식처럼 기른 딸
❸ 천민: 조선 시대에, 천한 일에 종사하던 가장 낮은 계급의 백성
❹ 흉년: 농사가 보통 때에 비해 잘되지 않아 굶주리게 된 해
❺ 자자하다: 여러 사람의 입에 오르내려 떠들썩함.

중심 낱말 찾기

01 각 문단의 중심 낱말을 찾아 쓰세요.

가 문단: 부모님을 잃고 **천민** 신분이 된 김만덕

나 문단: **상인**으로 활동하며 큰돈을 번 김만덕

다 문단: 계속된 **흉년**으로 굶어 죽을 뻔한 제주 사람들을 살린 김만덕

028쪽
029쪽

내용 이해

02 김만덕에 대한 설명으로 알맞지 않은 것은 무엇인가요? [✎ ④]

① 어릴 때 부모님을 모두 잃었다.
② 제주도에서 상인의 딸로 태어났다.
③ 상인으로 활동하며 큰돈을 벌게 되었다.
④ 천민에서 양인, 다시 천민으로 신분이 바뀌었다.
⑤ 제주도에 흉년이 계속되자 전 재산을 털어 사람들을 살렸다.

도움말 | ④ 김만덕은 부모님을 잃은 후 천민 신분이 되었고, 이후에 양인 신분을 되찾았어요.

어휘 확인

03 다음 뜻을 나타내는 낱말을 쓰세요.

① 해상에서 바람이 강하게 불어 일어나는 물결 **풍랑**

② 농사가 보통 때에 비해 잘되지 않아 굶주리게 된 해 **흉년**

③ 조선 시대에, 천한 일에 종사하던 가장 낮은 계급의 백성 **천민**

내용 추론

04 다 문단을 읽고 알 수 있는 김만덕의 성격으로 알맞은 것은 무엇인가요? [✎ ②]

① 겁이 많다.
② 정이 많다.
③ 이기적이다.
④ 참을성이 많다.
⑤ 자신만하다.

도움말 | 자신의 재산을 털어 어려운 사람들을 도운 일화에서 김만덕은 정이 많은 사람임을 알 수 있어요.

---

2 소원을 성취한 김만덕

정조는 김만덕의 ⑥선행을 전해 듣고 그녀를 크게 칭찬하였어요. 그러고는 김만덕의 소원을 들어주도록 하였답니다. 이에 김만덕은 "한양에 가서 궁궐을 구경하고, 금강산에 가서 말로만 듣던 수많은 ⑦산봉우리를 구경할 수 있다면 ⑧여한이 없겠습니다."라고 말하였어요. 그 당시 조선 사회에서는 제주도의 여인이 바다를 건너는 것을 금지하였어요. 게다가 평민 여성이 궁궐에 들어가는 것도 불가능한 일이었지요.

정조는 그녀의 소원을 ⑨기꺼이 들어주기로 하였어요. 이를 위해 정조는 김만덕에게 벼슬을 내리고, 김만덕이 한양으로 무사히 올라와 궁궐을 구경할 수 있도록 해 주었지요. 한양에서 몇 달을 보낸 김만덕은 소원대로 금강산에 가서 명승지를 두루 둘러보고 제주도로 돌아왔어요. 이후 김만덕은 제주도에서 열심히 살다가 세상을 떠났어요. 그녀는 금강산 여행을 떠올리면서 행복하게 눈을 감았다고 해요.

김만덕은 세상을 떠나기 전에도 남은 재산을 가난한 사람들에게 골고루 나누어 주었어요. 지금도 제주도에서는 '만덕상'을 만들어 해마다 김만덕처럼 아름답게 산 사람들에게 상을 주고 있답니다. 이렇듯 김만덕의 훌륭한 삶은 오늘날까지도 많은 사람들에게 ⑩귀감이 되고 있어요.

과연 일만 이천 봉이라고 불릴 만큼 산봉우리가 많구나!

❻ 선행: 착하고 어진 행동
❼ 산봉우리: 산에서 뾰족하게 높이 솟은 부분
❽ 여한: 풀지 못하고 남은 원한
❾ 기꺼이: 마음속으로 은근히 기쁘게
❿ 귀감: 거울로 삼아 본받을 만한 모범

중심 낱말 찾기

05 다음 밑줄 친 '이곳'은 어디인지 이 글에서 찾아 쓰세요.

이곳은 수많은 산봉우리를 가진 산으로, 김만덕은 정조에게 이곳을 여행하고 싶다는 소원을 말하였다.

✎ **금강산**

030쪽
031쪽

내용 이해

06 이 글을 읽고 알 수 있는 내용으로 알맞지 않은 것은 무엇인가요? [✎ ③]

① 김만덕의 소원
② 김만덕의 업적
③ 김만덕의 가족 관계
④ 김만덕이 한양과 금강산에서 한 일
⑤ 김만덕이 한양으로 올 수 있도록 정조가 한 일

도움말 | ③ 김만덕의 가족 관계는 이 글에 나오지 않아요.

어휘 확인

07 다음 낱말의 뜻을 찾아 선으로 이으세요.

1 귀감 ─ ㉠ 착하고 어진 행동
2 선행 ─ ㉡ 풀지 못하고 남은 원한
3 여한 ─ ㉢ 거울로 삼아 본받을 만한 모범

중심 내용 찾기

08 다음 빈칸을 채워 이 글을 정리해 보세요.

정조가 김만덕의 소원을 들어주어, 김만덕은 **한양**에 가서 궁궐을 구경하고 금강산에 가서 명승지를 둘러보았다. 제주도로 돌아온 후에도 김만덕은 자신의 **재산**을 가난한 사람들에게 나누어 주었다.

① 토지 문제의 개혁을 주장하다

032쪽
033쪽

글을 읽으면서 중요하다고 생각하는 낱말에 색칠해 보세요.

이익의 집안은 대대로 높은 지위의 관료를 배출하였어요. 그러나 붕당 간의 다툼으로 큰 ¹피해를 입게 되었고, 이익의 아버지는 유배를 가서 숨을 거두었어요. 이익은 병약하여 열한 살에 이르러서야 둘째 형에게서 글을 배우고, 이후에 과거에 응시하였어요. 그런데 둘째 형이 곤장을 맞다가 죽는 일이 일어났어요. 이 일을 계기로 이익은 벼슬을 할 생각을 버렸답니다. 그 대신 나라와 백성을 잘살게 하는 방법을 찾아 평생 공부를 하였어요.

이익은 ²토지 문제에 특히 관심을 가졌어요. 당시에는 일부 부자들이 많은 토지를 소유하였어요. 그래서 대부분의 농민들은 남의 토지를 경작해야 하였고, 그 수확물을 제대로 얻지 못하여 생활이 어려웠지요. 이에 이익은 ㉠ 부자들이 무한정으로 토지를 가지지 못하도록 ³제한하자고 주장하였어요. 또한 이익은 양반들도 벼슬을 하지 않으면, ⁴사치스럽게 놀고먹지 말고 직접 농사를 지어야 한다고 하였어요. 이렇듯 이익은 당시의 사회 문제를 고치기 위해 ⁵연구를 하고, 이를 바탕으로 『성호사설』이라는 책을 지었답니다.

백성의 삶이 넉넉해지려면 토지 제도를 개혁해야 한다.

━━━
① 피해: 생명이나 신체, 재산, 명예 등에 손해를 입음.
② 토지: 농사를 짓거나 집을 짓고 사는 등 사람의 생활과 활동에 이용하는 땅
③ 제한: 일정한 한도를 정하거나 그 한도를 넘지 못하게 막음.
④ 사치: 필요 이상의 돈이나 물건을 쓰거나 분수에 지나친 생활을 함.
⑤ 연구: 어떤 일이나 사물에 대하여서 깊이 있게 조사하고 생각하여 진리를 따져 보는 일

중심 낱말 찾기
01 다음에서 설명하는 책을 이 글에서 찾아 쓰세요.

> 이익이 당시의 사회 문제를 고치기 위해 연구한 내용들을 정리하여 지은 책이다.

✎ 『성호사설』

내용 이해
02 이 글의 내용과 일치하면 ◯, 일치하지 않으면 ✕에 표시하세요.

① 이익의 아버지는 유배를 가서 숨을 거두었다. [◯/✕]
② 이익은 부자들이 무한정으로 토지를 가지도록 주장하였다. [◯/✕]
③ 이익은 벼슬을 하지 않는 양반들은 직접 농사를 지어야 한다고 하였다. [◯/✕]

↳ 이익은 부자들의 토지 소유를 제한하자고 하였어요.

어휘 확인
03 다음 낱말의 뜻을 찾아 선으로 이으세요.

① 사치 ㆍ   ㆍ㉠ 일정한 한도를 넘지 못하게 막음.

② 연구 ㆍ   ㆍ㉡ 필요 이상의 돈이나 물건을 쓰거나 분수에 지나친 생활을 함.

③ 제한 ㆍ   ㆍ㉢ 어떤 일이나 사물에 대하여서 깊이 있게 조사하고 생각하여 진리를 따져 보는 일

내용 추론
04 ㉠과 같은 주장의 목적을 알맞게 말한 어린이는 누구인지 쓰세요.

수지	토지를 사고파는 일을 금지하기 위해서야.
문정	부자들은 토지를 갖지 못하도록 하기 위해서야.
형민	토지가 없는 가난한 농민들을 보호하기 위해서야.

✎ 형민

도움말 | 수지: 토지 매매의 금지를 주장하지는 않았어요. 문정: 부자들의 토지 소유를 제한하자는 것이지 금지하자는 것은 아니에요.

② 많은 실학자를 길러 내다

034쪽
035쪽

조선 후기에는 사회가 변화함에도 양반들은 여전히 유학만을 따랐어요. 하지만 유학만으로는 세상의 변화에 ⑥대처할 수 없었지요. 그래서 실제 생활의 문제를 해결하기 위한 새로운 학문인 실학이 등장하였답니다.

배고파요.

학문은 백성들의 실제 생활 문제를 해결할 수 있어야 해.

이익 역시 실학 ⑦사상을 주장하였던 실학자였어요. 그는 성리학의 가치를 인정하면서도 실학이라는 새로운 학풍을 통해 사회를 개혁하고자 하였지요. 이익은 실학이 조선 사회에 단단히 ⑧뿌리내리도록 하였답니다.

당시 개방적이고 개혁적이었던 이익의 학문은 세상의 변화를 원하는 젊은 학자들에게 큰 ⑨영향을 미쳤어요. 그래서 많은 학자가 함께 모여 이익의 실학사상을 공부하였답니다. 이렇게 이익의 영향을 받은 학자들의 무리를 '성호 ⑩학파'라고 부르는데, '성호'는 이익의 호였어요.

많은 실학자를 길러 내고, 주변 사람들을 돕는 데 힘썼던 이익은 가난과 질병으로 고생하다가 세상을 떠나고 말았어요. 하지만 이익의 학문은 성호 학파 학자들에 이어 훗날 정약용에게 이어지면서 더욱 발전하게 되었답니다.

━━━
⑥ 대처: 어떤 상황이나 사건에 알맞은 조치를 취함.
⑦ 사상: 어떤 사물에 대하여 가지고 있는 구체적인 생각
⑧ 뿌리내리다: 어떤 사물이나 현상의 근원이나 바탕이 이루어지다.
⑨ 영향: 어떤 사물의 효과나 작용이 다른 것에 미치는 일
⑩ 학파: 학문에서 주장을 달리하여 갈라져 나간 갈래

중심 낱말 찾기
05 다음 ㉠, ㉡에 들어갈 낱말을 이 글에서 찾아 각각 쓰세요.

조선 후기에 실제 생활의 문제를 해결하기 위한 새로운 학문인 (㉠)이 등장하였다. 실학자들 중에서 이익의 영향을 받은 사람들의 무리를 그의 호를 따서 (㉡) 학파라고 부른다.

✎ ㉠ 실학   ㉡ 성호

내용 이해
06 이 글을 읽고 알 수 있는 내용으로 알맞지 <u>않은</u> 것은 무엇인가요? [✎ ②]

① 이익의 죽음
② 이익이 지은 책
③ 성호 학파의 의미
④ 실학의 등장 배경
⑤ 이익의 학문을 이은 실학자

도움말 | ② 이익은 『성호사설』, 『곽우록』 등 여러 책을 지었으나, 이 글에서는 이익이 지은 책을 설명하고 있지 않아요.

어휘 확인
07 다음 문장에서 밑줄 친 낱말과 뜻이 비슷한 낱말은 무엇인가요? [✎ ①]

오늘날에는 빠르게 변화하는 사회에 대한 신속한 <u>대응</u>이 필요하다.

① 대처   ② 발전   ③ 사상   ④ 영향   ⑤ 학파

도움말 | '대응'은 어떤 일이나 사태에 맞추어 태도나 행동을 취하는 것을 말해요.

중심 내용 찾기
08 이 글의 중심 내용으로 가장 알맞은 것은 무엇인가요? [✎ ⑤]

① 정약용은 성호 학파 학자들과 교류하였다.
② 조선 후기에는 많은 사회적 변화가 있었다.
③ 이익은 가난과 질병으로 고생하다가 죽었다.
④ 조선의 양반들은 유학만을 절대적으로 따랐다.
⑤ 이익의 실학사상은 많은 실학자에게 영향을 주었다.

08 정약용

1 백성을 위한 정치

글을 읽으면서 중요하다고 생각하는 낱말에 색칠해 보세요.

정약용은 어렸을 때 성호 이익의 학문을 공부하였어요. 젊은 시절에는 ^①과거에 합격하여 벼슬길에 나아갔어요. 당시 왕이었던 정조는 정약용을 무척 아꼈답니다.

도르래의 원리를 이용하면 작은 힘으로도 무거운 물건을 들 수 있겠어.

정약용은 관리로서 백성의 삶에 많은 애정과 관심을 가졌어요. 정조가 정약용에게 수원 화성의 ^②건설을 맡기자, 정약용은 백성을 안전하게 보호할 성을 설계하였지요. 또한 그는 서양의 과학 기술을 이용하여 거중기를 만들어 화성 건설에 이용하였어요. 거중기로 돌을 운반하였기 때문에 백성들은 힘을 덜 들이고 화성을 건축할 수 있었지요. 정약용은 백성들을 위해 ^③전염병 치료나 농사 발전을 위한 책을 짓기도 하였답니다.

한편, 정약용은 젊은 시절 천주교에 관심을 가지기 시작하였어요. 하지만 그 당시 조선은 천주교와 같은 서양 종교를 ^④엄격하게 금지하고 있었지요. 결국 정조가 세상을 떠난 뒤 조선에서는 천주교 ^⑤박해가 일어났고, 정약용도 천주교에 관심을 가졌다는 이유로 유배를 떠나게 되었답니다.

① 과거: 관리를 뽑을 때 실시하던 시험
② 건설: 건물이나 시설을 새로 만들어 세움.
③ 전염병: 남에게 옮는 성질을 가진 병
④ 엄격: 말, 태도, 규칙 등이 매우 엄하고 철저함.
⑤ 박해: 못살게 굴어서 해롭게 함.

중심 낱말 찾기
01 다음에서 설명하는 기구를 이 글에서 찾아 쓰세요.

> 정약용이 서양의 과학 기술을 이용하여 만든 기구로, 수원 화성을 건설할 때 돌을 운반하는 데 주로 사용되었다.

✎ 거중기

내용 이해
02 이 글의 내용과 일치하지 않는 것은 무엇인가요? [✎ ①]
① 정약용은 영조 때 벼슬길에 나아갔다.
② 정약용은 정조가 죽은 후 유배를 떠났다.
③ 정약용은 전염병 치료를 위한 책을 지었다.
④ 정약용은 젊은 시절 천주교에 관심을 가졌다.
⑤ 정약용은 어렸을 때 이익의 학문을 공부하였다.
도움말 | ① 정약용은 정조 때 벼슬길에 나아갔어요.

어휘 확인
03 다음 빈칸에 공통으로 들어갈 낱말로 알맞은 것은 무엇인가요? [✎ ②]

> 누군가를 못살게 굴어서 해롭게 하는 것을 ( )(이)라고 하지?

> 응, 정조가 죽은 후 조선에서는 천주교 ( )이/가 일어나 많은 사람이 목숨을 잃었어.

① 박애 ② 박해 ③ 부흥 ④ 와해 ⑤ 총애

중심 내용 찾기
04 다음 빈칸을 채워 이 글의 내용을 정리해 보세요.

> 정약용은 정조 때 관리로서 거중기를 만들고 전염병 치료나 농사 발전을 위한 책을 지으며 **백성**을 위한 정치를 펼쳤다. 그러나 정조가 죽은 뒤에 **천주교**에 관심을 가졌던 것이 문제가 되어 유배를 떠나게 되었다.

036쪽
037쪽

2 유배 생활 중에도 계속된 실학 연구

1801년 11월 정약용은 전라남도 강진으로 유배되었어요. 유배 생활은 정약용에게 큰 아픔과 ^⑥좌절을 주었지만 그는 포기하지 않고 학문 연구에 정진하였어요. 정약용은 유배 생활을 하면서 백성들의 어려운 생활을 ^⑦체험하였기 때문에 실생활에 도움이 되는 학문에 더욱 힘쓰게 되었답니다.

정약용은 ^⑧다산 ^⑨초당에서 생활하면서 천 권이 넘는 책을 쌓아 놓고 학문 연구를 하였어요. 그는 당시의 정치, 경제, 사회, 문화 등 거의 모든 분야를 공부하였지요. 그리고 개혁 방법을 제시하여 나라를 새롭게 만들고자 노력하였어요.

마침내 18년 만에 유배에서 풀려난 정약용은 57세의 나이로 고향에 돌아왔어요. 정약용은 그 뒤에도 공부를 멈추지 않았어요. 세상을 떠날 때까지 학문을 연구하고 제자들을 키워 냈답니다. 그 결과 정약용은 평생 많은 책을 썼어요. 지방 관리들의 잘못된 사례를 들어 백성들을 다스리는 도리를 설명한 『목민심서』를 비롯하여 500여 권의 책을 남겼지요. 기나긴 고통 속에서도 놀라운 ^⑩인내와 ^⑪성실함으로 이루어 낸 위대한 업적이었답니다. 오늘날에도 다산 정약용은 조선 후기 실학사상을 완성한 최고의 실학자로 평가받고 있어요.

⑥ 좌절: 마음이나 기운이 꺾임.
⑦ 체험: 자기가 몸소 겪음.
⑧ 다산: 정약용의 호. 유배 생활 중 머물던 집 근처의 산 이름인 '다산'을 따서 지음.
⑨ 초당: 억새나 짚 등으로 지붕을 인 조그마한 집채
⑩ 인내: 괴로움이나 어려움을 참고 견딤.
⑪ 성실: 정성스럽고 참됨.

중심 낱말 찾기
05 다음에서 설명하는 곳을 이 글에서 찾아 쓰세요.

> 정약용이 전라남도 강진에서 유배 생활을 할 때 생활한 집이다. 정약용은 이곳에서 천 권이 넘는 책을 쌓아 놓고 학문 연구를 하였다.

✎ 다산 초당

내용 이해
06 이 글의 내용과 일치하면 ○, 일치하지 않으면 ✕에 표시하세요.
① 정약용은 18년 만에 유배에서 풀려났다. [◎ / ✕]
② 정약용은 조선 후기 실학사상을 완성한 학자이다. [◎ / ✕]
③ 유배 생활을 하게 된 정약용은 학문을 그만두었다. [○ / ⊗]
→ 정약용은 유배 생활 중에도 학문 연구를 하였어요.

어휘 확인
07 다음 문장의 빈칸에 들어갈 낱말을 [보기]에서 찾아 쓰세요.

> 보기
> 성실   인내   좌절

① 나는 맡은 일은 꼭 해내는 (성실)한 사람이다.
② 그는 그동안의 고통을 (인내)하며 오늘의 영광을 맞이하였다.
③ 삼촌은 몇 번의 (좌절)을/를 딛고 일어나 지금의 성공을 이루었다.

내용 추론
08 다음은 이 글에 나타난 정약용의 활동이에요. 이를 통해 정약용이 우리 역사에서 가지는 의의를 써 보세요.

> • 유배 생활을 하면서도 포기하지 않고 실생활에 도움이 되는 학문에 힘썼다.
> • 여러 분야를 공부하고 개혁 방법을 제시하여 나라를 새롭게 만들고자 하였다.
> • 끊임없이 학문을 연구하여 평생 동안 500여 권의 책을 지었다.

✎ 긴 고통의 시간 속에서도 끊임없이 학문을 연구하여 조선 후기 실학사상을 완성하였다.

038쪽
039쪽

09 박지원

1 『열하일기』를 짓다

040쪽
041쪽

글을 읽으면서 중요하다고 생각하는 낱말에 색칠해 보세요.

서울의 좋은 집안에서 태어난 박지원은 어린 시절부터 영리하였지만, 벼슬길에 나아가려 하지는 않았어요. 그러던 그의 인생을 크게 바꾸어 놓은 기회가 찾아왔지요. 그의 친척이 청나라에 가는 ❶사절단으로 뽑혔던 것이에요. 이때 박지원은 친척의 ❷권유로 청나라에 함께 가게 되었어요. 그리고 청나라의 수도인 북경과 청나라 황제의 여름 별장이 있는 열하를 구경하며 다섯 달의 시간을 보냈습니다.

청나라에서 박지원은 새로운 세상을 경험하였어요. 당시 청나라가 서양과 ❸교류하며 발전하고 있었기 때문이지요. 오랑캐로 여겨졌던 청나라의 과학 기술은 조선에 비해 훨씬 앞서 있었답니다. 이곳에서 박지원은 청나라의 학자들뿐만 아니라 몽골과 티베트 사람까지 만날 수 있었어요. 조선을 벗어나 넓은 세상의 학문과 문화를 경험하게 된 것이에요.

조선에 돌아온 박지원은 ❹기행문인 『열하일기』를 지었어요. 이 책에서 그는 청나라를 여행하며 보고 듣고 느낀 점을 정리하여 청나라의 발전된 모습을 소개하였어요. 그리고 청나라의 뛰어난 ❺문물을 수용해야 한다고 주장하였어요.

청에서는 벽돌로 담장을 쌓았다. … 수레를 사용해야 한다.

---

❶ 사절단: 나라를 대표하여 일정한 임무를 맡아 외국에 파견되는 사람들의 무리
❷ 권유: 어떤 일을 하도록 권함.
❸ 교류: 문화나 사상 등이 서로 통함.
❹ 기행문: 여행하면서 보고, 듣고, 느끼고, 겪은 것을 적은 글
❺ 문물: 문화의 산물. 즉 정치, 경제, 종교, 예술, 법률 등의 문화에 관한 모든 것을 통틀어 이르는 말

중심 낱말 찾기
01 다음에서 설명하는 책을 이 글에서 찾아 쓰세요.

청나라에 다녀온 박지원이 그곳에서 보고 듣고 느낀 것 등을 정리하여 청나라의 발전된 모습을 소개한 책이다.

✎ 『열하일기』

내용 이해
02 이 글을 읽고 알 수 있는 내용으로 알맞지 않은 것은 무엇인가요? [✎ ①]
① 박지원이 청나라에서 쓴 책
② 박지원이 청나라에 가게 된 계기
③ 박지원이 청나라에서 만난 사람들
④ 박지원이 청나라에 방문한 도시
⑤ 박지원이 『열하일기』에서 주장한 내용
도움말 | ① 박지원이 청나라에서 책을 썼다는 내용은 이 글에서 설명하는 내용이 아니에요.

어휘 확인
03 다음 문장의 빈칸에 들어갈 낱말을 토기에서 찾아 쓰세요.

보기
교류   권유   문물

❶ 나는 친구의 (권유)로 수영을 배우게 되었다.
❷ 그 나라는 외국의 발전된 (문물)을/를 받아들였다.
❸ 두 나라는 서로 이웃하며 예로부터 (교류)이/가 활발하였다.

중심 내용 찾기
04 다음 빈칸을 채워 이 글의 내용을 정리해 보세요.

박지원은 청나라의 북경과 열하를 구경하면서 청나라의 발전된 모습을 보고 다양한 나라의 사람들을 만났다. 조선에 돌아온 박지원은 이 경험을 쓴 『열하일기』에서 청나라의 문물을 수용해야 한다고 주장하였다.

2 상공업의 발달을 주장하다

042쪽
043쪽

박지원은 실학의 한 ❻갈래인 북학파를 대표하는 학자예요. '북학'이란 북쪽 나라의 학문, 즉 청나라의 새로운 문물과 과학 기술을 배우자는 움직임을 말해요.

박지원은 청나라에 가서 말로만 듣던 새로운 문물을 마음껏 보았어요. 그리고 청나라의 문화가 조선보다 훨씬 발전해 있었음을 알게 되었지요. 그래서 박지원은 조선이 더 발전할 수 있는 방법이 무엇인지 고민하기 시작하였어요.

박지원은 청나라에서 활발하게 장사하는 사람들을 보며 상업이 농업보다 큰 이익을 가져다줄 수 있다는 생각을 하였어요. 상업이 발전하면 공업도 발전하여 나라를 ❼부강하게 할 것이라고 보았지요. 즉, 상공업의 발전을 중요하게 생각한 거예요. 그래서 그는 청나라의 문물을 배워 기술을 개발할 것, ❽무역을 활발하게 할 것 등을 주장하였어요. 그리고 그동안 상공업을 ❾업신여겨왔던 조선 사람들의 생각이 잘못되었으며, 양반도 상업을 해야 한다고 주장하였답니다.

당시에는 박지원과 비슷한 생각을 하는 사람들이 여럿 있었어요. 그래서 이덕무, 박제가, 유득공 등 유명한 학자들이 박지원의 제자가 되어 북학파를 ❿형성하였답니다.

나라가 부강해지려면 상공업이 발달해야 해!

---

❻ 갈래: 하나에서 둘 이상으로 갈라져 나간 낱낱의 부분
❼ 부강: 부유하고 강함.
❽ 무역: 나라와 나라 사이에 서로 물품을 팔고 사는 일
❾ 업신여기다: 남을 깔보거나 하찮게 여김.
❿ 형성: 어떤 모양이나 상태를 이룸.

중심 낱말 찾기
05 다음 ㉠, ㉡에 들어갈 낱말을 이 글에서 찾아 각각 쓰세요.

박지원은 실학의 한 갈래인 (㉠)를 대표하는 학자였다. 그는 상공업의 발전을 중요하게 생각하여 청나라의 문물을 배우고 청나라와의 (㉡)을 활발히 할 것 등을 주장하였다.

✎ ㉠: 북학파   ㉡: 무역

내용 이해
06 박지원에 대한 설명으로 알맞지 않은 것은 무엇인가요? [✎ ⑤]
① 청나라에 가서 새로운 문물을 보았다.
② 이덕무, 박제가, 유득공 등을 제자로 두었다.
③ 상공업을 업신여기면 안 된다고 생각하였다.
④ 청나라의 문물을 배워 기술을 개발할 것을 주장하였다.
⑤ 농업과 토지 문제를 개혁하여 나라를 발전시키려 하였다.
도움말 | ⑤ 이 글에는 박지원이 상공업을 발전시켜 나라를 부강하게 하고자 하는 내용이 주로 나타나 있어요.

어휘 확인
07 다음 낱말이 들어갈 문장을 찾아 선으로 이으세요.

❶ 갈래 ・   ・ 바닷가에 ( )된 마을은 구조적인 특징이 뚜렷하다.

❷ 형성 ・   ・ 실학 운동에는 농업을 중시하는 실학파와 상공업을 중시하는 실학파의 두 ( )이/가 있다.

내용 추론
08 이 글을 읽고 알 수 있는 박지원의 생각으로 알맞은 것은 무엇인가요? [✎ ⑤]
① 북학은 실학과 다른 것이다.
② 청나라에 여행을 가야 한다.
③ 양반들은 글공부에만 힘쓰면 된다.
④ 청나라는 힘은 세지만 오랑캐에 불과하다.
⑤ 상공업을 발전시켜 나라를 부강하게 해야 한다.
도움말 | 박지원은 상공업의 발전으로 나라가 부강해질 것으로 보고, 상공업의 발전을 중요하게 생각하였어요.

10 박제가

1 청나라에 네 번 다녀오다

글을 읽으면서 중요하다고 생각하는 낱말에 색칠해 보세요.

가 박제가는 조선 후기의 대표적인 실학자 중 한 명이에요. 그는 서자로 태어났지만 좌절하지 않고 어려서부터 공부에 힘썼답니다. 그리고 박지원을 스승으로 따르며 이덕무, 유득공 등의 실학자와 함께 북학파를 이루었지요. 박제가는 정조에게 능력을 인정받아 규장각의 관리로 선발되기도 하였어요. 그는 13년간 규장각에 ①근무하면서 이곳에 있는 많은 ②서적들을 읽고, 여러 책의 교정 및 간행에 참여하기도 하였답니다.

나 정조 시기 조선의 지식인들은 청나라에 가 보고 싶어 하였으나, 외교 사절단이 아니면 기회가 별로 없었어요. 그런데 박제가는 외교 능력이 있고 중국어에 ③능통하여 청나라에 네 번이나 다녀올 수 있었어요.

4번째 청 방문

다 박제가는 청나라에 갈 때마다 그곳의 지식인들을 만났어요. 100명이 넘는 사람들과 ④친분을 쌓고, 학문에 대해 ⑤토론하기도 하였지요. 청나라의 학자들도 박제가를 학자로서 높이 평가하였다고 해요. 청나라에서 여러 지식인들과 교류한 경험은 박제가의 학문에 큰 영향을 미쳤답니다.

❶ 근무: 직장에 적을 두고 직무에 종사함.
❷ 서적: 일정한 목적, 내용, 체재에 맞추어 사상, 감정, 지식 따위를 글이나 그림으로 표현하여 적거나 인쇄하여 묶어 놓은 것
❸ 능통하다: 사물의 이치를 훤히 알거나 능숙함.
❹ 친분: 아주 가깝고 두터운 정분
❺ 토론: 어떤 문제에 대하여 여러 사람이 각각 의견을 말하며 논의함.

중심 낱말 찾기
01 각 문단의 내용과 일치하도록 괄호 안의 낱말 중 알맞은 것에 ○표 하세요.

가 문단: 박제가는 박지원, 이덕무, 유득공 등과 함께 [(북학파) 탕평파]를 이루었다.

나 문단: 박제가는 청나라에 [한 번 (네 번)] 다녀왔다.

다 문단: 박제가는 [유럽 (청나라)]에서 그곳의 지식인들과 학문에 대해 토론하였다.

044쪽 045쪽

내용 이해
02 다음 내용은 가~다 문단 중 어느 문단과 관련이 깊은지 쓰세요.

『호저집』은 박제가가 청나라 학자들과 주고받은 시와 편지 등을 모아 펴낸 책으로, 여기에 등장하는 청나라 사람들이 172명이나 된다. 조선 시대에 박제가처럼 중국 지식인들과 활발히 교류한 사람을 찾기란 쉽지 않다.

✏ 다 문단

도움말 | 제시된 글에는 박제가가 청나라의 많은 지식인과 활발히 교류하였다는 내용이 나타나 있어요.

어휘 확인
03 다음 뜻을 나타내는 낱말을 쓰세요.

❶ 아주 가깝고 두터운 정분 친 분

❷ 직장에 적을 두고 직무에 종사함. 근 무

❸ 어떤 문제에 대하여 여러 사람이 각각 의견을 말하며 논의함. 토 론

중심 내용 찾기
04 다음 빈칸을 채워 이 글의 내용을 정리해 보세요.

박제가는 어려서부터 공부에 힘써 정조 때 규 장 각 의 관리로 선발되었다. 그는 외 교 능력이 뛰어나고 중국어에도 능통하여 네 번이나 청나라에 다녀왔다. 박제가가 청나라의 지식인들과 교 류 한 경험은 그의 학문에 큰 영향을 미쳤다.

2 『북학의』를 짓다

박제가는 청나라에 처음 다녀온 뒤 그곳에서의 ⑥견문을 바탕으로 책을 썼어요. 그 책이 바로 『북학의』예요. '북학'은 조선 후기 실학자들이 청나라의 앞선 문물제도 및 생활 양식을 받아들일 것을 내세운 학풍을 말하는데, 이 '북학'이라는 이름이 『북학의』에서 ⑦유래하였지요.

박제가는 『북학의』에서 서양의 문물을 받아들인 청나라를 배워야 한다고 주장하였어요. 그리하여 조선의 과학 기술과 상업, 무역을 발전시키자고 하였지요. 그것이 조선과 백성들을 가난에서 구할 수 있는 방법이라고 하였어요. 특히, 그는 수레를 널리 이용하고 배를 많이 만들어 무역을 ⑧적극적으로 해야 한다고 주장하였어요. 『열하일기』를 쓴 박지원은 박제가의 『북학의』를 읽고, 이 책의 내용이 자신의 뜻과 ⑨일치한다며 기뻐하기도 하였답니다.

그러나 당시 조선의 지배층들은 시대의 변화에도 불구하고 여전히 기술과 상업, 무역을 ⑩천시하였어요. 이런 상황 속에서 박제가의 개혁안은 받아들여지지 않았지요. 하지만 박제가의 『북학의』는 당시 조선 사회를 개혁하여 부국강병을 이루고자 하였던 정약용, 서유구 등 여러 사람들에게 영향을 주었답니다.

북학의
중국, 나아가 서양 여러 나라와도 무역해야 한다.

❻ 견문: 보거나 듣거나 하여 깨달아 얻은 지식
❼ 유래: 사물이나 일이 생겨남.
❽ 적극적: 대상에 대한 태도가 긍정적이고 능동적인 것
❾ 일치: 비교되는 대상들이 서로 어긋나지 않고 같거나 들어맞음.
❿ 천시: 업신여겨 낮게 보거나 천하게 여김.

중심 낱말 찾기
05 다음에서 설명하는 책을 이 글에서 찾아 쓰세요.

실학자 박제가가 청나라에 처음 다녀온 뒤 그곳에서의 견문을 바탕으로 지은 책이다.

✏ 『북학의』

046쪽 047쪽

내용 이해
06 이 글의 내용과 일치하지 않는 것은 무엇인가요? [✏ ④]

① 북학이라는 이름은 『북학의』에서 유래하였다.
② 박제가는 수레를 널리 이용하자고 주장하였다.
③ 박제가의 북학 사상은 정약용에게 영향을 주었다.
④ 조선의 지배층들은 대부분 박제가의 개혁안을 받아들였다.
⑤ 박제가는 청나라를 배워 조선의 과학 기술을 발전시키자고 하였다.

도움말 | ④ 당시 조선의 지배층들이 기술, 상업, 무역을 천시하여 박제가의 개혁안은 받아들여지지 않았어요.

어휘 확인
07 다음 밑줄 친 낱말과 바꾸어 쓸 수 있는 낱말은 무엇인가요? [✏ ④]

우리는 양반들이 농민들을 업신여겨 함부로 대하는 것을 구경만 할 따름이었다.

① 견문하여 ② 대접하여 ③ 존중하여 ④ 천시하여 ⑤ 환영하여

도움말 | '업신여기다'는 교만한 마음에서 남을 낮추어 보거나 하찮게 여긴다는 뜻이에요.

내용 추론
08 박제가가 다음 박지원의 말을 듣고 보일 수 있는 반응으로 알맞은 것은 무엇인가요? [✏ ②]

박지원 청나라의 문물을 배워 조선의 기술과 상공업을 발전시켜야 합니다.

① 맞습니다. 저도 청나라의 문물을 수용하고자 『열하일기』를 썼습니다.
② 맞습니다. 또한 수레와 배를 이용하여 무역을 적극적으로 해야 합니다.
③ 아닙니다. 상업과 공업은 천한 사람들이 하는 일입니다.
④ 아닙니다. 청나라는 오랑캐이므로 그들의 문물을 받아들일 수 없습니다.
⑤ 글쎄요. 청나라 문물의 수용은 신중하게 결정해야 합니다.

도움말 | 박제가도 박지원처럼 청나라의 문물을 수용하자고 하였고, 수레와 배를 이용해 무역을 적극적으로 하자고 주장하였어요.

11 김홍도

1 당대 최고의 화가

글을 읽으면서 중요하다고 생각하는 낱말에 색칠해 보세요.

가 조선 시대 중인 가정에서 태어난 김홍도는 어려서부터 그림에 타고난 ^①재능을 보였어요. 게다가 그는 뛰어난 스승인 강세황으로부터 그림을 배워 더욱 실력을 키울 수 있었지요. 마침내 김홍도는 강세황의 추천으로 그림을 그리는 관청인 도화서의 ^②화원이 되었답니다.

나 김홍도는 29살 때 영조와 왕세손(훗날의 정조)의 ^③초상화를 그리는 일에 참여하게 되었어요. 임금의 초상화를 그리는 일은 화원으로서 매우 ^④영광스러운 일이었지요. 이 일로 김홍도의 명성은 더욱 높아졌어요. 그리고 날마다 많은 사람이 김홍도의 그림을 구하기 위해 찾아왔어요. 김홍도는 그림을 그리느라 먹고 잘 시간도 부족할 정도로 바빴지요.

다 정조도 김홍도의 그림 실력을 아껴서 중요한 일을 많이 시켰어요. 정조는 김홍도에게 금강산 일대를 여행하며 그곳의 명승지를 그리도록 명하였고, 자신의 초상화를 다시 한 번 김홍도에게 맡기기도 하였지요. 이렇듯 김홍도는 ^⑤당대 최고의 화가로 이름이 높았답니다.

내 초상화를 그려 주게!

① 재능: 어떤 일을 하는 데 필요한 재주와 능력
② 화원: 도화서에 소속된 관리
③ 초상화: 사람의 얼굴을 중심으로 그린 그림
④ 영광: 빛나고 아름다운 영예
⑤ 당대: 일이 있는 바로 그 시대

중심 낱말 찾기
01 각 문단의 중심 낱말을 찾아 쓰세요.

가 문단: 도화서의 **화 원** 이 된 김홍도
나 문단: 영조와 왕세손의 **초 상 화** 를 그린 김홍도
다 문단: 당대 최고의 화가로 이름을 높인 **김 홍 도**

내용 이해
02 이 글의 내용과 일치하면 ○, 일치하지 않으면 ×에 표시하세요.

① 김홍도는 정조의 초상화를 그렸다. [**○** / ×]
② 김홍도는 살아 있을 때에는 명성이 높지 않았다. [○ / **✕**] → 김홍도는 살아 있을 때
③ 김홍도는 스승인 강세황으로부터 그림을 배웠다. [**○** / ×] 명성이 높았어요.

어휘 확인
03 다음 낱말의 뜻을 찾아 선으로 이으세요.

① 당대 ———— ㉠ 일이 있는 바로 그 시대
② 재능 ⤫ ㉡ 사람의 얼굴을 중심으로 그린 그림
③ 초상화 ———— ㉢ 어떤 일을 하는 데 필요한 재주와 능력

중심 내용 찾기
04 다음 빈칸을 채워 이 글의 내용을 정리해 보세요.

도 화 서 의 화원이 된 김홍도는 젊은 시절부터 왕의 **초 상 화** 를 그리고 정조의 명으로 **금 강 산** 일대의 명승지를 그리는 등 당대 최고의 화가로 이름을 떨쳤다.

2 백성들의 삶을 그림에 담다

가 김홍도의 스승인 강세황은 김홍도가 인물, 경치, 신선, 꽃과 과일, 새와 벌레, 동물에 이르기까지 못 그리는 것이 없다고 말하였어요. 실제로 그는 인물화, ^①산수화 등 다양한 종류의 그림에 능통하였어요. 김홍도는 그야말로 우리 역사 ^②불세출의 화가라 평가받고 있지요.

나 김홍도는 많은 그림 중에서도 풍속화에서 새로운 ^③경지를 개척하였어요. 풍속화는 당시 사람들의 생활 모습을 그린 그림이에요. 김홍도의 풍속화에 등장하는 인물은 대부분 조선 시대의 ^④서민들이었어요.

다 김홍도는 일반 백성들의 다양한 삶의 모습을 있는 그대로 생동감 있게 그림으로 담아내었어요. 서당에서 공부하는 아이들을 그린 「서당」, 씨름을 하는 선수들과 구경꾼들을 그린 「씨름」, ^⑤악공들에게 둘러싸여 춤을 추고 있는 아이를 그린 「무동」이 그의 대표적인 작품들이에요.

라 김홍도의 활동에 힘입어 조선 후기에는 백성의 삶이 담긴 풍속화가 크게 발전하였어요. 김홍도가 그린 수많은 풍속화를 통해 오늘날 우리는 조선 후기 사람들의 생활 모습을 생생하게 알 수 있게 되었답니다.

---

① 산수화: 동양화에서 산과 물이 어우러진 자연의 아름다움을 그린 그림
② 불세출: 좀처럼 세상에 나타나지 않을 만큼 뛰어남.
③ 경지: 학문, 예술 등에서 일정한 특성과 체계를 갖춘 독자적인 범주나 부분
④ 서민: 아무 벼슬이나 신분적 특권을 갖지 못한 일반 사람
⑤ 악공: 음악을 연주하는 사람

중심 낱말 찾기
05 다음 ㉠, ㉡에 들어갈 낱말을 이 글에서 찾아 각각 쓰세요.

김홍도는 다양한 종류의 그림을 모두 잘 그린 뛰어난 화가였다. 특히 그는 당시 사람들의 생활 모습을 그린 (㉠)에서 새로운 경지를 개척하였다. 그의 여러 그림을 통해 우리는 (㉡) 후기 사람들의 생활 모습을 생생하게 알 수 있다.

㉠: **풍속화** ㉡: **조선**

내용 이해
06 다음 내용을 중심으로 다룬 문단은 가~라 문단 중 어느 문단인지 쓰세요.

백성들의 삶의 모습을 있는 그대로 생동감 있게 담아낸 김홍도의 작품들

다 문단

도움말 | 다 문단에서 김홍도가 백성들의 다양한 삶의 모습을 생동감 있게 그린 「서당」, 「씨름」, 「무동」 등의 작품을 소개하고 있어요.

어휘 확인
07 다음 문장에서 밑줄 친 부분과 뜻이 비슷한 낱말은 무엇인가요? [**⑤**]

이순신은 우리 역사에서 좀처럼 나타나기 힘든 뛰어난 인물이자 영웅이다.

① 개척 ② 능통 ③ 다양 ④ 유명 ⑤ 불세출

내용 추론
08 오른쪽 그림이 나타내는 상황이 무엇인지 쓰고, 왜 풍속화라고 불리는지 이유를 쓰세요.

· 그림이 나타내는 상황: 사람들이 씨름을 하는 선수들을 구경하고 있다.
· 풍속화라고 불리는 이유: 그 시대 사람들의 생활 모습을 그린 그림이기 때문이다.

12 신윤복

1 풍속화로 조선을 그리다

글을 읽으면서 중요하다고 생각하는 낱말에 색칠해 보세요.

신윤복은 김홍도와 더불어 조선 후기를 대표하는 풍속화가예요. 김홍도는 서민의 생활 모습을 주로 그렸는데요. 이와 달리 신윤복은 양반 가문의 생활 모습을 주로 그렸고, 특히 여성의 생활 모습이나 남녀 간의 ❶낭만이나 애정을 표현한 그림을 많이 그렸답니다.

신윤복은 남성 위주의 조선 사회에서 여성을 특히 많이 그린 것으로 유명한 화가예요. 여성들의 삶을 가까운 곳에서 ❷관찰하고, 그녀들의 옷차림, 몸짓, 얼굴에 드러난 감정 등을 ❸섬세하게 그려 냈지요.

신윤복이 그린 많은 풍속화들은 매우 아름답다는 평가를 받아요. 그의 그림은 섬세한 선과 아름다운 ❹색채로 이루어져 있거든요. 그래서 신윤복의 그림에서는 ❺세련된 감각과 분위기를 느낄 수 있답니다.

신윤복은 후대의 화가들에게 적지 않은 영향을 주어 그의 화풍을 본뜬 풍속화나 민화가 많아요. 그리고 신윤복의 그림에 나타난 살림이나 복식 등은 우리에게 조선 후기의 생활 모습을 생생하게 보여 주고 있답니다.

❶ 낭만: 감미롭고 감상적인 분위기
❷ 관찰: 사물이나 현상을 주의하여 자세히 살펴봄.
❸ 섬세하다: 곱고 가늘다.
❹ 색채: 물체가 빛을 받을 때 빛의 파장에 따라 나타나는 특유의 색깔
❺ 세련: 서투르거나 어색한 데가 없이 능숙하게 갈고닦음.
❻ 감각: 사물에서 받는 인상이나 느낌

중심 낱말 찾기
01 다음 ㉠, ㉡에 들어갈 낱말을 이 글에서 찾아 각각 쓰세요.

풍속화가인 신윤복은 남녀 간의 (㉠　　)이나 애정을 표현한 그림을 많이 그렸다. 또한 남성 위주의 조선 사회에서 (㉡　　)을 많이 그린 것으로 유명하다.

🖉 ㉠: **낭만**　㉡: **여성**

052쪽
053쪽

내용 이해
02 이 글의 내용과 일치하지 않는 것은 무엇인가요? [🖉 ③]

① 신윤복은 조선 후기를 대표하는 풍속화가이다.
② 신윤복의 풍속화는 매우 아름답다는 평가를 받는다.
③ 신윤복은 여성보다 남성을 많이 그린 것으로 유명하다.
④ 신윤복의 풍속화에서는 세련된 감각과 분위기를 느낄 수 있다.
⑤ 우리는 신윤복의 그림에서 조선 후기의 생활 모습을 볼 수 있다.

도움말 | ③ 신윤복은 여성을 특히 많이 그린 것으로 유명해요.

어휘 확인
03 다음 뜻을 나타내는 낱말을 쓰세요.

❶ 사물에서 받는 인상이나 느낌. **감각**
❷ 사물이나 현상을 주의하여 자세히 살펴봄. **관찰**
❸ 서투르거나 어색한 데가 없이 능숙하게 갈고닦음. **세련**

중심 내용 찾기
04 다음 빈칸을 채워 이 글의 내용을 정리해 보세요.

신윤복은 여성의 생활 모습, 남녀 간의 낭만이나 **애정**을 표현한 그림을 많이 그렸다. 그의 그림은 섬세한 선과 아름다운 색채로 이루어져 아름답다는 평가를 받으며, 우리에게 조선 후기의 **생활모습**을 보여 준다.

2 비밀에 싸인 행적

㉮ 신윤복은 영조 때 화가 가문에서 태어났어요. 그의 할아버지와 아버지는 그림을 잘 그려 도화서의 화원으로 일하였지요. 신윤복도 정조 때 화원이 되어 도화서에 들어갔어요. 그러나 신윤복은 갑자기 화원 생활을 그만두었는데, 그 이유는 정확하게 알려져 있지 않아요.

㉯ 도화서에서 나온 후 신윤복의 ❼행적을 알 수 있는 기록은 거의 남아 있지 않아요. 우리가 알 수 있는 건 그가 1813년 이후 세상을 떠났다는 사실과 그가 남긴 그림뿐이지요. 그래서 우리에게 신윤복은 비밀에 싸여 있는 화가랍니다. 우리는 그저 신윤복이 남긴 아름다운 그림을 통해서만 그의 삶을 상상해 볼 수 있을 뿐이에요.

㉰ 신윤복의 작품은 당시 사람들에게 훌륭하다고 인정받지 못하였답니다. 양반과 부녀자들의 유흥, 남녀 간의 연애나 향락적인 생활을 적나라하게 표현하였다는 점에서 ❽비속한 그림으로도 여겨졌다고 해요. 당시에는 사랑하는 남녀의 모습을 솔직하게 표현하는 것을 부끄럽게 여겼기 때문이지요. 그렇지만 오늘날 사람들은 다양하고 ❾선명한 색채와 ❿현대적인 감각이 돋보이는 신윤복의 그림에 관심과 애정을 가지고 있어요. 또한 남성 중심의 사회에서 주로 여인을 ⓫소재로 그림을 그린 점도 높이 평가하고 있지요.

❼ 행적: 평생 동안 한 일이나 업적
❽ 비속: 격이 낮고 속됨. 또는 그런 풍속
❾ 선명: 산뜻하고 뚜렷하여 다른 것과 혼동되지 않음.
❿ 현대적: 지금의 시대에 적합한 느낌이 있거나 현대에 특징적인 것
⓫ 소재: 어떤 것을 만드는 데 바탕이 되는 재료

중심 낱말 찾기
05 각 문단의 내용과 일치하도록 괄호 안의 낱말 중 알맞은 것에 ○표 하세요.

㉮ 문단: 신윤복은 [(화원) 사절단]이 되었다가 그 생활을 그만두었다.
㉯ 문단: 신윤복의 [그림 (행적)]은 비밀에 싸여 있다.
㉰ 문단: 신윤복의 그림은 [당시 (오늘날)] 사람들에게 높이 평가된다.

054쪽
055쪽

내용 이해
06 이 글을 읽고 알 수 있는 내용으로 알맞지 않은 것은 무엇인가요? [🖉 ⑤]

① 신윤복 아버지의 직업
② 신윤복 그림의 주된 소재
③ 신윤복의 그림에 나타난 특징
④ 신윤복의 그림에 대한 당시의 평가
⑤ 화원 생활을 그만둔 후 신윤복의 삶

도움말 | ⑤ 도화서에서 나온 후 신윤복의 행적을 알 수 있는 기록은 거의 남아 있지 않아요.

어휘 확인
07 다음 문장의 빈칸에 들어갈 낱말을 보기에서 찾아 쓰세요.

보기
선명　　소재　　행적

❶ 임진왜란을 (소재)(으)로 삼은 영화들이 많이 있다.
❷ 삼국 통일을 이룬 그의 (행적)은/는 역사에 길이 남을 것이다.
❸ 꽃 색깔이 하루하루 더 짙어져 마침내 곱고 (선명)한 분홍빛을 띠었다.

내용 추론
08 ㉰ 문단을 참고하여 신윤복에 대해 소개할 때 가장 알맞은 것은 무엇인가요? [🖉 ②]

① 산수화의 대가　　　　② 시대를 뛰어넘은 예술가
③ 조선 전기 화풍을 이끈 화가　　④ 당대 최고의 명성을 떨친 화가
⑤ 서민들의 삶을 그려낸 풍속화가

도움말 | 신윤복의 그림은 현대적인 감각이 돋보인다고 하였으므로, 신윤복에게서 시대를 뛰어넘는 예술가의 모습을 찾아볼 수 있어요.

1 천부적 자질을 보인 김정희

**056쪽
057쪽**

글을 읽으면서 중요하다고 생각하는 낱말에 색칠해 보세요.

김정희는 조선 후기 어느 양반 집안에서 태어났어요. 그는 어려서부터 사람들에게 ^①천부적 자질을 인정받았어요. 글을 일찍 깨우친 데다, 글씨를 잘 썼기 때문이에요. 김정희의 아버지도 아들의 자질을 알아보았어요. 그래서 당시 북학파를 대표하던 박제가에게 아들의 공부를 부탁하였지요. 박제가 역시 영리한 제자인 김정희를 아껴 학문을 가르쳤어요. 그 과정에서 청나라의 선진 문물을 받아들이자는 박제가의 생각이 김정희에게도 전해졌답니다.

청의 학자 옹방강   김정희

김정희는 열심히 공부하여 과거 시험에 합격하였어요. 그리고 나서 사절단과 함께 청나라에 방문하게 되었어요. 그곳에서 김정희는 청나라에 있는 최고의 학자들과 교류하며 실력을 쌓고, 조선 최고의 학자로 성장하였답니다.

김정희는 북한산에 있는 비석이 신라 진흥왕 때 만들어진 ^③순수비임을 밝히기도 하였어요. 비석에 새겨진 글자를 정확하게 조사하여 그동안 잘못 알려진 소문들을 바로잡은 것이지요. 이는 ^④근거 없는 지식이 아니라, 과학적이고 ^⑤객관적인 방법으로 학문을 해야 한다는 자신의 주장을 몸소 보여 준 것이기도 하답니다.

❶ 천부적: 태어날 때부터 지닌 것
❷ 자질: 타고난 성품이나 소질
❸ 순수비: 임금이 살피며 돌아다닌 곳을 기념하기 위하여 세운 비석
❹ 근거: 어떤 일이나 의견에 그 바탕이 되는 이유
❺ 객관적: 자기와의 관계에서 벗어나 다른 사람의 입장에서 사물을 보거나 생각하는 것

중심 낱말 찾기

01 다음 김정희에 대한 설명 중 ㉠, ㉡에 들어갈 낱말을 이 글에서 찾아 각각 쓰세요.

- (㉠)의 학자들과 교류하며 실력을 쌓았다.
- 북한산에 있는 비석이 신라 (㉡) 때 만들어진 순수비임을 밝혔다.

🖉 ㉠: 청나라   ㉡: 진흥왕

내용 이해

02 이 글을 읽고 알 수 있는 내용으로 알맞지 않은 것은 무엇인가요? [🖉 ③]

① 김정희의 출신
② 김정희의 어린 시절
③ 신라 진흥왕의 업적
④ 박제가와 김정희의 관계
⑤ 청나라에서 김정희가 한 일

도움말 | ③ 이 글에 김정희가 신라 진흥왕 때 만들어진 순수비임을 밝혀냈다는 내용은 있지만 신라 진흥왕의 업적은 나와 있지 않아요.

어휘 확인

03 다음 낱말이 들어갈 문장을 찾아 선으로 이으세요.

① 객관적   ㉠ 그 선수는 (   )인 자질을 타고나 실력이 뛰어났다.

② 천부적   ㉡ 선배는 나에게 기자는 (   )인 기사를 써야 한다고 조언하였다.

내용 추론

04 김정희가 다음 대화를 읽고 어떤 말을 할지 이 글을 바탕으로 쓰세요.

> 갑   누군가 북한산에 있는 옛 비석은 조선 초기 무학 스님의 것이라고 하던데요?
> 을   아닙니다. 제가 들은 소문에 의하면 고려가 세워질 무렵 도선 스님이 세운 비석이라고 합니다.

🖉 북한산에 있는 그 비석은 신라 진흥왕 때 만들어진 순수비입니다. 근거 없는 지식이나 소문이 아니라, 과학적이고 객관적인 방법으로 학문을 해야 합니다.

2 추사체와 「세한도」

**058쪽
059쪽**

㉮ 김정희의 생애는 유난히 ^⑥고난이 많았어요. 그는 조선 후기의 어지러운 정치 상황 속에서 여러 번 유배를 떠나 평생 동안 귀양살이를 한 기간이 13년이나 되었어요. 하지만 유배지에서도 김정희는 학문과 예술에 힘썼답니다.

㉯ 김정희는 자신만의 독창적인 글씨체를 만들기 위해 끊임없는 노력을 기울이며 글씨 연습을 반복하였어요. 그리고 중국의 유명한 서예가들의 글씨체를 연구하고, 삼국 시대부터 조선 시대까지 내려오던 우리의 ^⑦서법을 조사하여 마침내 ^⑧독특한 글씨체인 추사체를 만들었어요. '추사'는 김정희의 호예요.

㉰ 또한 김정희는 귀양살이를 할 때 자신에게 서적들을 보내 준 제자에게 「세한도」라는 그림을 그려 주었어요. 「세한도」는 우리나라 역사상 최고의 ^⑨문인화라고 평가받는 그림이에요. 그는 평생 동안 천 자루의 붓을 닳아 없앴을 만큼 예술혼을 불태웠답니다.

잣나무와 소나무는 변치 않는 의리를 표현하지.

㉱ 비록 고난이 많은 삶이었지만 김정희는 학문과 예술에서 사람들의 ^⑩존경을 받았어요. 말년에는 관직에 나아가지 않고 이곳저곳 다니면서 글을 쓰고 그림을 그렸지요. 김정희는 지금도 조선 후기 최고의 예술가이자 뛰어난 학자로 평가받고 있답니다.

❻ 고난: 괴로움과 어려움.
❼ 서법: 글씨를 쓰는 법
❽ 독특: 특별하게 다름.
❾ 문인화: 전문적인 직업 화가가 아닌 시인, 학자 등의 사대부 계층 사람들이 취미로 그린 그림
❿ 존경: 남의 인격, 사상, 행동 등을 공손히 받들어 모심.

중심 낱말 찾기

05 다음에서 설명하는 글씨체를 이 글에서 찾아 쓰세요.

> 김정희가 중국의 유명한 서예가들의 글씨체를 연구하고, 또 삼국 시대부터 조선 시대까지 내려오던 우리의 서법을 조사하여 말년에 완성한 글씨체이다.

🖉 추사체

내용 이해

06 다음 빈칸에 들어갈 내용으로 알맞은 것은 무엇인가요? [🖉 ①]

㉮ 유배지에서도 학문과 예술에 힘쓴 김정희
㉯ 추사체를 만든 김정희
㉰ _____
㉱ 최고의 예술가이자 뛰어난 학자로 평가받는 김정희

① 「세한도」를 그린 김정희
② 양반 집안에서 태어난 김정희
③ 제주도로 유배를 떠난 김정희
④ 고난이 많은 삶을 살아간 김정희
⑤ 중국 서예가들의 글씨체를 연구한 김정희

도움말 | ㉰ 문단은 김정희가 우리나라 역사상 최고의 문인화라고 평가받는 「세한도」를 그렸다는 이야기를 하고 있어요.

어휘 확인

07 다음 뜻을 나타내는 낱말을 쓰세요.

① 특별하게 다름. 독 특
② 괴로움과 어려움. 고 난
③ 남의 인격, 사상, 행동 등을 공손히 받들어 모심. 존 경

중심 내용 찾기

08 다음 빈칸을 채워 이 글의 내용을 정리해 보세요.

> 추사체를 만들고 세 한 도 를 그린 김 정 희 는 조선 후기 최고의 예술가이자 뛰어난 학자였다.

14 김정호

1 「대동여지도」를 완성하다

글을 읽으면서 중요하다고 생각하는 낱말에 색칠해 보세요.

김정호는 어려운 집안 형편에도 불구하고 어려서부터 열심히 공부를 하였어요. 특히, 그는 ❶지리학에 관심이 많았답니다. 조선은 지도 만드는 기술이 발달한 나라였지만, 김정호는 지금까지 나온 지도들보다 훨씬 ❷정밀한 지도를 만들고자 하는 꿈을 가지고 있었어요.

지도를 만드는 데에는 ❸전문적인 지식과 함께 많은 ❹자료가 필요하였어요. 김정호는 여러 사람들의 도움으로 이전에 만들어진 조선 지도와 지리학 자료들을 구할 수 있었지요. 그는 이를 바탕으로 많은 지도들을 만들었어요.

김정호가 만든 대표적인 지도는 「대동여지도」예요. 이 지도는 김정호가 30년간의 노력 끝에 완성하였다고 알려져 있어요. 「대동여지도」는 함경북도에서 제주도까지의 한반도 전체를 담고 있는데, 몇몇 군데를 제외하면 오늘날의 지도와 거의 똑같을 만큼 정확해요. 그래서 조선 시대에 만들어진 지도 중 가장 뛰어난 것으로 평가받고 있어요. 지도 ❺제작에 평생을 바친 김정호의 노력은 우리나라 지리학의 발전에 큰 도움이 되었답니다.

❶ 지리: 어떤 곳의 땅이 생긴 모양이나 길 등의 상태
❷ 정밀: 아주 정교하고 치밀하여 빈틈이 없고 자세함.
❸ 전문: 어떤 분야에 상당한 지식과 경험을 가지고 오직 그 분야만 연구하거나 맡음.
❹ 자료: 연구나 조사의 바탕이 되는 재료
❺ 제작: 재료를 가지고 새로운 물건이나 예술 작품을 만듦.

01 다음에서 설명하는 지도를 이 글에서 찾아 쓰세요.

김정호가 다양한 지도와 지리학 자료를 연구하여 완성한 한반도 지도로, 조선 시대에 만들어진 지도 중 가장 뛰어난 것으로 평가받고 있다.

✎ 「대동여지도」

060쪽 061쪽

02 이 글의 내용과 일치하면 ○, 일치하지 않으면 ✕에 표시하세요.
① 「대동여지도」는 한반도 전체를 담고 있다. [◎ / ✕]
② 김정호는 혼자만의 힘으로 지도와 지리학 자료들을 구하였다. [○ / ⊗]
③ 「대동여지도」는 몇몇 군데를 제외하면 오늘날의 지도와 거의 똑같다. [◎ / ✕]

김정호는 여러 사람들의 도움으로 지도와 지리학 자료들을 구하였어요.

03 다음 낱말이 들어갈 문장을 찾아 선으로 이으세요.

1 자료 — ㉠ 이곳은 장난감을 (　)하는 회사이다.
2 제작 — ㉡ 나는 더 큰 병원에 가서 (　) 검사를 받기로 하였다.
3 정밀 — ㉢ 그는 보고서를 쓰기 전에 (　)을/를 수집하기로 하였다.

04 다음 빈칸을 채워 이 글의 내용을 정리해 보세요.

김정호는 다양한 자료들을 바탕으로 「대동여지도」를 만들었다. 이 지도는 함경북도에서 제주도까지의 한반도 전체를 담고 있으며 매우 정확한 편이다. 평생을 바쳐 지도를 만들었던 그의 노력은 우리나라 지리학의 발전에 큰 도움이 되었다.

2 김정호에 대한 일본의 왜곡

1910년부터 1945년까지 일본이 강제로 우리나라를 식민지로 삼았던 시기를 일제 ❶강점기라고 해요. 일제 강점기에 일본은 『조선어독본』이라는 국어 교과서를 만들었는데요. 그 책에서 김정호에 대한 내용이 사실과 다르게 꾸며졌다는 것이 우리나라 학자들의 연구를 통해 밝혀졌어요.

『조선어독본』에는 김정호가 혼자 전국을 여러 번 돌면서 「대동여지도」를 만들었다고 쓰여 있어요. 또한 김정호가 지도를 만들기 전까지 조선에서는 제대로 된 지리 연구가 이루어지지 않았다고 하였지요. 하지만 우리나라 학자들은 김정호 혼자 전국을 여러 번 돌며 지도를 완성하는 것은 불가능하다고 보고 있어요. 김정호가 기존에 연구된 조선의 지도와 지리학 자료들을 ❷집대성하여 「대동여지도」를 만들었다고 볼 수 있지요. 일본은 조선의 지리학을 ❸무시하기 위해 이런 이야기를 지어낸 것이에요.

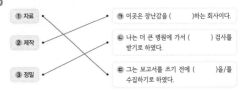

또한 『조선어독본』에서는 흥선 대원군이 김정호가 만든 「대동여지도」로 국가 ❹기밀이 ❺누설된다며 지도를 빼앗았다고 설명하였어요. 심지어 흥선 대원군이 김정호를 감옥에 가두었다고도 하였지요. 그러나 당시의 기록 어디에도 그런 사실은 남아 있지 않답니다.

❶ 강점기: 남의 물건, 영토, 권리 따위를 강제로 차지한 시기
❷ 집대성: 여러 가지를 모아 하나의 체계를 이루어 완성함.
❸ 무시: 깔보거나 업신여김.
❹ 기밀: 외부에 드러내서는 안 될 중요한 비밀
❺ 누설: 비밀이 새어 나감.

05 다음과 같은 일을 한 나라를 이 글에서 찾아 쓰세요.

『조선어독본』에 김정호가 지도를 만들기 전까지 조선에서 제대로 된 지리 연구가 이루어지지 않았다고 기록하여 조선의 역사를 왜곡하였다.

✎ 일본

062쪽 063쪽

06 이 글의 내용과 일치하도록 괄호 안의 낱말 중 알맞은 것에 ○표 하세요.
① 김정호는 [일본, 조선]의 지도와 지리학 자료를 집대성하여 「대동여지도」를 만들었다.
② 김정호가 혼자 「대동여지도」를 만들었다는 『조선어독본』의 내용은 사실과 [같음, 다름]이 밝혀졌다.

07 다음 뜻을 나타내는 낱말을 쓰세요.
① 외부에 드러내서는 안 될 중요한 비밀 [기밀]
② 여러 가지를 모아 하나의 체계를 이루어 완성함. [집대성]

08 이 글을 읽고 보기 에 대해 보일 수 있는 반응으로 알맞은 것은 무엇인가요? [✎ ⑤]

보기
흥선 대원군은 김정호가 만든 「대동여지도」를 보고 크게 화를 내며 「대동여지도」를 압수하고, 김정호 부녀를 잡아 감옥에 가두었다.
— 『조선어독본』

① 흥선 대원군은 외국 세력을 경계하지 않았어.
② 「대동여지도」로 국가 기밀이 누설되었기 때문이야.
③ 김정호는 흥선 대원군 때문에 감옥에 갇혀 있다 죽었어.
④ 일본은 「대동여지도」 제작을 자신들의 업적으로 남기고자 하였어.
⑤ 일본은 조선 정부의 무능함을 부각시키려고 사실이 아닌 내용을 지어 냈어.

도움말 | 『조선어독본』에는 왜곡된 내용이 담겨 있어요. 제시된 내용은 일본이 조선 정부의 무능함을 부각시키려고 지어 낸 것이에요.

15 최제우

1 동학을 창시하다

064쪽
065쪽

글을 읽으면서 중요하다고 생각하는 낱말에 색칠해 보세요.

최제우가 태어날 당시의 조선은 정치가 아주 ⁰혼란하였어요. 게다가 지배층은 백성들의 재산을 강제로 빼앗기도 하였고요. 참다못한 백성들이 떼 지어 들고 일어나면서 사회는 더욱 불안해졌어요. 그런데 양반들이 공부하는 유학은 혼란 속에서 아무런 도움이 되지 못하였어요. 게다가 ⁰서학을 앞세운 서양 ⁰문명도 조선으로 거세게 몰려오고 있었지요.

최제우는 아버지가 돌아가신 후 돈을 벌기 위해 장사를 시작하였어요. 그는 여기 저기를 돌아다니면서 어지러운 세상을 보게 되었어요. 특히, 서양 문명이 우리나라의 ⁰전통을 흔드는 것에 위기감을 가졌답니다. 최제우는 조선 사회를 구하기 위해 우리나라만의 새로운 종교가 필요하다고 생각하게 되었어요.

그러던 1860년, 최제우는 '하늘'의 목소리를 듣는 신비한 종교적 경험을 하게 되었고, 이 경험을 바탕으로 새로운 종교를 ⁰창시하였어요. 그는 자신이 창시한 종교의 이름을 '동학'이라고 지었는데, 이는 서양에서 들어온 서학에 대항한다는 뜻을 담고 있답니다.

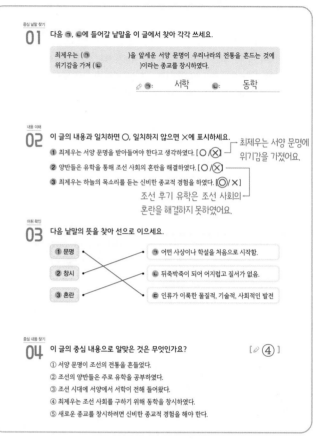

최제우가 깨달음을 얻고 동학을 시작한 곳

⓵ **혼란:** 뒤죽박죽이 되어 어지럽고 질서가 없음.
⓶ **서학:** 서양의 학문이란 의미. 조선 시대에는 '천주교'를 서학이라 불렀음.
⓷ **문명:** 인류가 이룩한 물질적, 기술적, 사회적인 발전
⓸ **전통:** 어떤 집단이나 공동체에서, 지난 시대부터 이루어져 전해 내려오는 사상·관습·행동 등의 모습
⓹ **창시:** 어떤 사상이나 학설을 처음으로 시작함.

중심 낱말 찾기
01 다음 ㉠, ㉡에 들어갈 낱말을 이 글에서 찾아 각각 쓰세요.

최제우는 (㉠   )을 앞세운 서양 문명이 우리나라의 전통을 흔드는 것에 위기감을 가져 (㉡   )이라는 종교를 창시하였다.

✎ ㉠: 서학   ㉡: 동학

내용 이해
02 이 글의 내용과 일치하면 ○, 일치하지 않으면 ×에 표시하세요.

① 최제우는 서양 문명을 받아들여야 한다고 생각하였다. [○/ⓧ] ⟵ 최제우는 서양 문명에 위기감을 가졌어요.
② 양반들은 유학을 통해 조선 사회의 혼란을 해결하였다. [○/ⓧ]
③ 최제우는 하늘의 목소리를 듣는 신비한 종교적 경험을 하였다. [ⓞ/×] ⟵ 조선 후기 유학은 조선 사회의 혼란을 해결하지 못하였어요.

어휘 확인
03 다음 낱말의 뜻을 찾아 선으로 이으세요.

1 문명 ──── ㉢ 어떤 사상이나 학설을 처음으로 시작함.
2 창시 ──── ㉡ 뒤죽박죽이 되어 어지럽고 질서가 없음.
3 혼란 ──── ㉢ 인류가 이룩한 물질적, 기술적, 사회적인 발전

중심 내용 찾기
04 이 글의 중심 내용으로 알맞은 것은 무엇인가요? [✎ ④]

① 서양 문명이 조선의 전통을 흔들었다.
② 조선의 양반들은 주로 유학을 공부하였다.
③ 조선 시대에 서양에서 서학이 전해 들어왔다.
④ 최제우는 조선 사회를 구하기 위해 동학을 창시하였다.
⑤ 새로운 종교를 창시하려면 신비한 종교적 경험을 해야 한다.

2 사람을 귀하게 여기다

066쪽
067쪽

최제우가 창시한 동학은 유교, 불교, 도교 등의 장점을 바탕으로 옛날부터 우리 민족이 믿어 오던 ⁰고유의 사상을 합친 종교였어요. 동학에서는 사람에게 하늘의 마음이 있으니, 하늘을 섬기듯이 사람을 섬기라고 가르쳤지요. 이는 훗날 '사람이 곧 하늘'이라는 '인내천' 사상으로 발전하였어요.

하늘을 섬기듯이 사람을 섬기세요.

사람을 귀하게 여기라고 가르친 동학은 힘든 삶으로 고통받던 농민과 천민들에게 환영을 받아 전국으로 퍼져 나갔어요. 조선 정부는 인간 ⁰평등사상을 주장하는 동학이 빠르게 확산되자 두려움을 느꼈어요. 조선은 철저한 ⁰신분제 사회였거든요. 마침내 동학을 믿는 농민들은 타락한 정부에 저항하기 시작하였고, 조선 정부는 동학교도들을 ⁰탄압하였어요. 그리고 "나쁜 종교를 만들어 세상을 어지럽히고 백성을 속였다."라는 ⁰죄목으로 최제우를 처형하였어요.

최제우가 죽은 다음에도 동학의 세력은 약해지지 않았어요. 오히려 최제우의 억울함을 풀어 보려는 움직임이 일어났지요. 농민과 천민들의 마음에 뿌리내린 동학은 더욱 확산되어 갔답니다.

⓵ **고유:** 본래부터 가지고 있는 특별한 것
⓶ **평등:** 권리, 의무, 자격 등이 차별 없이 고르고 한결같음.
⓷ **신분제:** 대대로 물려받아 고정된 계급 제도
⓸ **탄압:** 권력이나 무력으로 억지로 눌러 꼼짝 못 하게 함.
⓹ **죄목:** 저지른 죄의 명목

중심 낱말 찾기
05 다음에서 설명하는 사상을 이 글에서 찾아 쓰세요.

동학의 사상으로, '사람이 곧 하늘'이라는 뜻을 담고 있다.

✎ 인내천 (사상)

내용 이해
06 이 글의 내용과 일치하는 것은 무엇인가요? [✎ ②]

① 조선 정부는 동학을 인정하였다.
② 동학은 인간 평등사상을 주장하였다.
③ 동학의 교리는 사람을 천하게 여겼다.
④ 최제우가 죽은 후 동학의 세력은 약해졌다.
⑤ 동학은 유교, 불교, 도교 등 기존 사상을 무시하였다.
도움말 | 동학은 인간 평등사상을 주장하여 조선 정부의 탄압을 받았어요.

어휘 확인
07 다음 밑줄 친 낱말과 뜻이 반대되는 낱말은 무엇인가요? [✎ ③]

사람은 돈이 많고 적음에 따라 차별받아서는 안 된다.

① 고유   ② 교리   ③ 평등   ④ 탄압   ⑤ 확산
도움말 | '차별'은 둘 이상의 대상을 차이를 두어서 구별한다는 의미이므로, '평등'과 반대되는 낱말이에요.

내용 추론
08 이 글을 읽고 알 수 있는 조선 정부의 동학에 대한 입장으로 알맞은 것은 무엇인 가요? [✎ ④]

① 동학은 빠르게 확산되지 못할 것이다.
② 동학의 인내천 사상을 발전시켜야 한다.
③ 동학이 유교, 불교, 도교를 대신해야 한다.
④ 동학은 신분제를 부정하는 위험한 종교이다.
⑤ 동학의 창시자인 최제우의 억울함을 풀어야 한다.
도움말 | 조선 정부는 동학이 인간 평등사상을 주장하여 신분제 사회를 흔들 수 있다고 보았어요.

16 흥선 대원군

1 나라를 재정비하기 위한 정치

글을 읽으면서 중요하다고 생각하는 낱말에 색칠해 보세요.

가 조선의 제25대 왕인 철종은 아들 없이 세상을 떠났어요. 그러자 흥선군 이하응이 자신의 둘째 아들을 임금의 자리에 올려 고종이 즉위하게 되었어요. 흥선군은 임금의 친아버지를 가리키는 '대원군'이 되었는데, 고종의 나이가 어렸기 때문에 흥선 대원군이 ①섭정을 하게 되었답니다.

나 흥선 대원군은 먼저 정치를 개혁하였어요. 그동안 권력을 잡고 마음대로 나라를 운영한 안동 김씨 세력을 몰아내고, 당파에 관계없이 인재를 고루 등용하였어요. 또한 대원군은 나라의 ②재정 문제도 개혁하였는데, ③세금 ④제도를 고쳐 양반들도 세금을 내게 하였지요. 그리고 국가 재산을 몰래 빼돌리는 관리들을 엄하게 처벌하였어요. 이와 같은 흥선 대원군의 개혁 정책들은 백성의 큰 환영을 받았답니다.

다 한편, 흥선 대원군은 왕권 강화를 위해 임진왜란 때 불탄 경복궁을 새로 지었어요. 그런데 이때 건설에 드는 돈을 마련하느라 세금이 늘어났고, 백성들을 무리하게 공사에 ⑤동원하였지요. 이에 흥선 대원군은 백성들의 원망을 듣기도 하였답니다.

왕실의 위엄을 살리려면 경복궁을 다시 지어야 해!

❶ 섭정: 왕을 대신하여 나라를 다스림.
❷ 재정: 돈에 관한 여러 가지 일
❸ 세금: 나라가 필요한 일에 사용하기 위해 국민으로부터 강제로 거두어들이는 돈
❹ 제도: 관습, 법 등의 규칙이나 사회 구조의 체계
❺ 동원: 어떤 목적을 달성하기 위해 사람을 모음.

중심 낱말 찾기
01 각 문단의 중심 낱말을 찾아 쓰세요.

가 문단: [대][원][군]이 된 흥선군 이하응
나 문단: 백성의 [환][영]을 받은 흥선 대원군의 정치적·경제적 개혁
다 문단: [경][복][궁]을 새로 지은 흥선 대원군

068쪽 069쪽

내용 이해
02 이 글의 내용과 일치하면 ○, 일치하지 않으면 ×에 표시하세요.

① 고종은 흥선 대원군의 둘째 아들이다. [○]/ ×

② 경복궁은 흥선 대원군 때 처음 지어졌다. [○ / ×] ── 흥선 대원군은 임진왜란 때 불탄 경복궁을 다시 지었어요.

③ 흥선 대원군은 안동 김씨 세력과 손을 잡고 나라를 운영하였다. [○ / ×] ── 흥선 대원군은 안동 김씨 세력을 내쫓았어요.

어휘 확인
03 다음 문장의 빈칸에 들어갈 낱말을 보기에서 찾아 쓰세요.

보기
> 동원   세금   제도

① 정부는 (세금)을/를 낮추어 주겠다고 약속하였다.
② 교육부는 대학 입시 (제도)을/를 변경하겠다고 밝혔다.
③ 이 영화는 재미있다는 소문이 나서 관객 (동원)에 성공하였다.

내용 추론
04 흥선 대원군의 개혁이 백성들에게 환영받은 이유를 바르게 추론한 어린이는 누구인지 쓰세요.

민지 | 왕실의 위엄을 세우기 위해 많은 돈을 들여 경복궁을 새로 지었기 때문이야.
현우 | 그동안 백성들만 힘들게 세금을 냈는데, 양반들도 세금을 내도록 하였기 때문이야.

✎ 현우

도움말 | 백성들만 내던 세금을 양반들도 내도록 한 흥선 대원군의 개혁은 백성들에게 환영받았어요.

2 서양의 통상 요구를 거부하다

흥선 대원군이 권력을 잡았던 당시에는 서양 세력이 아시아를 침략하고 있었어요. 아시아의 강국이었던 청나라마저 전쟁에서 패배하여 서양 세력에 무릎을 꿇고 말았지요. 서양 세력은 조선에도 ⑥통상 ⑦수교를 요구하였어요. 흥선 대원군은 서양의 문화가 조선에 들어오면 조선 사회가 혼란스러워질 것이라고 염려하였어요. 그래서 서양 국가들의 통상 수교 요구를 거부하였답니다. 그런데 이로 인해 서양 국가들과 갈등이 생겼어요.

1866년 프랑스군이 ⑧함대를 끌고 와 조선의 강화도를 ⑨점령하는 사건이 일어났어요. 조선군은 프랑스군과 싸워 그들을 내쫓을 수 있었어요. 1866년이 병인년이었기 때문에 이 사건을 병인양요라고 해요. 1871년에는 미국이 군함을 이끌고 강화도로 쳐들어왔어요. 조선군은 어재연의 지휘 아래 목숨을 걸고 싸워 이를 물리쳤지요. 이 사건은 신미년에 일어났기 때문에 신미양요라고 불러요.

프랑스와 미국의 연이은 침입을 받은 흥선 대원군은 나라의 문을 절대 열지 않겠다는 생각을 더욱 확고히 하였어요. 그리고 이러한 뜻을 담은 비석인 ⑩척화비를 세웠지요. 흥선 대원군은 종로를 비롯한 전국 각지에 척화비를 세워 자신의 뜻을 알렸답니다.

척화비 서양 세력과 교류 반대

❻ 통상: 나라들 사이에 서로 물품을 사고팖. 또는 그런 관계
❼ 수교: 나라와 나라 사이에 교제를 맺음.
❽ 함대: 바다에서 작전을 수행하는 해군의 연합 부대
❾ 점령: 어떤 장소를 차지하여 자리를 잡음.
❿ 척화: 다른 나라와 가깝게 지내자는 것에 반대함.

중심 낱말 찾기
05 다음 ⑦, ⓒ에 들어갈 사건을 이 글에서 찾아 각각 쓰세요.

1866년 프랑스군이 함대를 끌고 와 강화도를 공격한 사건을 (⑦   )라고 하며, 1871년 미국이 군함을 이끌고 강화도로 쳐들어온 사건을 (ⓒ   )라고 한다.

✎ ⑦ 병인양요   ⓒ 신미양요

070쪽 071쪽

내용 이해
06 다음 사건이 일어난 순서에 맞게 번호를 쓰세요.

③	①	②
흥선 대원군은 전국 각지에 척화비를 세웠다.	조선군이 병인양요를 일으킨 프랑스군을 조선에서 몰아냈다.	어재연이 지휘하는 조선군이 신미양요에서 미국군을 물리쳤다.

도움말 | 흥선 대원군은 병인양요와 신미양요에서 서양 세력을 물리친 후 전국 각지에 척화비를 세웠어요.

어휘 확인
07 다음 밑줄 친 낱말과 바꾸어 쓸 수 있는 낱말은 무엇인가요? [✎ ④]

병자호란 때 청나라 군대는 압록강을 건넌 지 8일 만에 조선의 수도 한양을 차지하였다.

① 거부   ② 수교   ③ 요구   ④ 점령   ⑤ 척화
도움말 | '점령'은 어떤 장소를 차지하여 자리를 잡는다는 뜻으로 쓰여요.

중심 내용 찾기
08 다음 빈칸을 채워 이 글의 내용을 정리해 보세요.

흥선 대원군이 서양 세력의 [통][상] 수교 요구를 거부하자, [프][랑][스]가 병인양요, [미][국]이 신미양요를 일으켰다. 두 나라를 물리친 흥선 대원군은 전국 각지에 나라의 문을 절대 열지 않겠다는 뜻을 담은 [척][화][비]를 세웠다.

17 박규수

1 조선을 위기에서 구하기 위해 힘쓰다

072쪽
073쪽

글을 읽으면서 중요하다고 생각하는 낱말에 색칠해 보세요.

가 박규수는 조선 후기의 대표적인 실학자인 박지원의 손자예요. 하지만 그가 태어나기 전에 박지원이 세상을 떠났기 때문에 박규수는 아버지를 통해 할아버지 박지원의 실학사상을 배웠어요.

나 박규수는 왕 대신에 ❶세도 가문인 안동 김씨가 권력을 휘두르던 시기에 관리가 되었어요. 이 시기 ❷탐관오리들이 옳지 못한 방법으로 세금을 거두어들여 백성들의 생활은 어려웠지요. 마침내 백성들은 1862년에 전국적으로 ❸봉기를 일으켰답니다. 이때 박규수는 왕에게 ❹상소를 올려 사건의 해결책을 제시하였어요.

봉기가 일어나게 만든 관리에게 큰 벌을 내려야 합니다.
- 박규수

다 박규수가 평안도 ❺관찰사로 있었던 1866년에는 미국 배 제너럴셔먼호가 대동강을 거슬러 올라와 통상을 요구하였어요. 당시에 흥선 대원군은 서양 세력과 외교 관계를 맺는 것을 거부하였지요. 박규수는 이러한 정책에 완전히 찬성하지는 않았지만, 나라의 정책을 거스를 수는 없었어요. 결국 박규수는 제너럴셔먼호의 선원들이 횡포를 부리자 평양의 백성들과 함께 제너럴셔먼호를 불태워 버렸답니다.

❶ 세도: 정치상의 권력과 세력. 또는 그 권력과 세력을 마구 휘두르는 일
❷ 탐관오리: 백성의 재물을 탐내어 빼앗는, 행실이 깨끗하지 못한 관리
❸ 봉기: 벌 떼처럼 떼 지어 세차게 일어남.
❹ 상소: 임금에게 글을 올리던 일. 또는 그 글
❺ 관찰사: 조선 시대에 둔, 각 도의 으뜸 벼슬

중심 낱말 찾기

01 각 문단의 중심 낱말을 찾아 쓰세요.

가 문단: **박지원**의 실학사상을 배운 박규수
나 문단: 1862년에 일어난 **봉기**의 해결책을 제시한 박규수
다 문단: **제너럴셔먼호**를 불태워 버린 박규수

내용 이해

02 이 글의 내용과 일치하지 않는 것은 무엇인가요? [✎ ①]

① 박규수는 박지원에게 직접 실학사상을 배웠다.
② 박규수는 평양의 백성들과 함께 제너럴셔먼호를 불태웠다.
③ 박규수가 평안도 관찰사일 때 미국 배가 통상을 요구하였다.
④ 박규수는 세도 가문이 권력을 휘두르던 시기에 관리가 되었다.
⑤ 박규수는 전국적인 봉기가 일어났을 때 왕에게 상소를 올렸다.

도움말 | ① 박규수가 태어나기 전에 박지원이 세상을 떠났기 때문에 박규수는 아버지를 통해 박지원의 실학사상을 배웠어요.

어휘 확인

03 다음 뜻을 나타내는 낱말을 쓰세요.

❶ 벌 떼처럼 떼 지어 세차게 일어남. **봉기**
❷ 임금에게 글을 올리던 일. 또는 그 글 **상소**
❸ 백성의 재물을 탐내어 빼앗는, 행실이 깨끗하지 못한 관리 **탐관오리**

중심 내용 찾기

04 다음 빈칸을 채워 이 글의 내용을 정리해 보세요.

박지원의 손자 **박규수**는 안동 김씨가 권력을 휘두르던 시기에 관리가 되어 백성들이 봉기를 일으키자 왕에게 해결책을 제시하는 상소를 올렸다. 평안도 관찰사로 있었을 때는 제너럴셔먼호가 **통상**을 요구하며 횡포를 부리자, 평양의 백성들과 함께 그 배를 불태워 버렸다.

2 개화사상의 선구자

074쪽
075쪽

가 박규수는 당시에 많은 지방관들이 ❻부패하였던 것과 달리 평생을 ❼청렴한 관리로 살았으며, 관리로서 가장 높은 자리에 오르기도 하였어요. 그는 우리나라 개화사상의 ❽선구자로 알려져 있답니다.

나 박규수가 개화사상을 갖게 된 데는 청나라를 다녀온 일이 큰 계기가 되었어요. 그가 관직에 있을 때 청나라를 두 차례 방문하였는데, 그곳에서 서양 세력이 아시아로 밀려오는 ❾국제 ❿정세를 경험하게 된 것이에요. 이러한 정세 속에서 조선이 살아남으려면 서양의 발전된 문물을 받아들여야 한다고 생각한 것이지요.

다 박규수는 흥선 대원군에게 개화의 필요성을 여러 차례 건의하였어요. 그러나 흥선 대원군은 나라의 문을 절대 열지 않겠다고 하였지요. 결국 박규수는 관직에서 물러나 서울 북촌에 있는 자신의 집에서 개화사상을 연구하였답니다.

라 이 무렵 박규수의 집에는 김옥균, 박영효, 서광범과 같은 젊은이들이 드나들었어요. 박규수는 이들에게 변화하는 국제 정세와 개화의 필요성을 가르쳤지요. 이 젊은이들은 훗날 개화파를 이루어 외국 문물을 수용하는 데 적극 앞장서게 되었답니다.

나라의 문을 열고 외국과 교류해야 한다.

❻ 부패: 정치, 행동, 생각 등이 잘못되거나 탐욕스러움.
❼ 청렴: 성품과 행실이 높고 맑으며, 탐욕이 없음.
❽ 선구자: 어떤 일이나 사상에서 다른 사람보다 앞선 사람
❾ 국제: 나라 사이에 관계됨.
❿ 정세: 정치상의 동향이나 형세

중심 낱말 찾기

05 다음에서 설명하는 인물 세 명을 이 글에서 찾아 쓰세요.

관직에서 물러난 박규수의 집에 모여, 그에게서 변화하는 국제 정세와 개화의 필요성을 배운 젊은이들이다.

✎ **김옥균, 박영효, 서광범**

내용 이해

06 다음 내용은 이 글의 **가** ~ **라** 문단 중 어느 문단과 관련이 깊은지 쓰세요.

박규수는 김옥균, 박영효, 서광범에게 국제 정세를 이렇게 이야기하였다. "오늘날 중국이 어디에 있는가? 저리 돌리면 미국이 중국이 되고, 이리 돌리면 조선이 중국이 된다. 어떤 나라도 가운데로 오면 중국이 되는데 오늘날 어디에 중국이 있는가?" 박규수의 가르침에 자극을 받은 김옥균 등은 자신들의 개화사상을 발전시켜 나갔다.

✎ **라** 문단

도움말 | 제시된 글은 김옥균, 박영효, 서광범 등이 박규수의 가르침을 받는 내용이에요.

어휘 확인

07 다음 밑줄 친 낱말과 뜻이 반대되는 낱말은 무엇인가요? [✎ ⑤]

그 선생님은 청렴한 교사여서 많은 학생에게 존경을 받았다.

① 개혁 ② 개화 ③ 건의 ④ 관직 ⑤ 부패

도움말 | '청렴'은 성품과 행실이 높고 맑으며, 탐욕이 없다는 뜻이에요.

내용 추론

08 다음 흥선 대원군의 말에 대해 박규수가 보일 수 있는 반응으로 알맞은 것은 무엇인가요? [✎ ⑤]

서양 세력에게 나라의 문을 열었다가는 우리나라가 큰 혼란에 빠질 것이다.

① 맞습니다. 서양 세력은 도덕을 모르는 오랑캐입니다.
② 맞습니다. 서양 세력과의 수교는 섣불리 결정하면 안 됩니다.
③ 맞습니다. 서양 세력에게 나라 문을 열면 장차 우리나라를 빼앗길 것입니다.
④ 아닙니다. 서양 세력은 생각보다 힘이 세지 않습니다.
⑤ 아닙니다. 서양 세력의 발전된 문물을 수용하여 조선도 변화해야 합니다.

도움말 | 박규수는 흥선 대원군에게 개화의 필요성을 여러 차례 건의하였어요.

18 김옥균

1 급진 개화파를 이끌다

글을 읽으면서 중요하다고 생각하는 낱말에 색칠해 보세요.

　김옥균은 청년 시절에 박규수의 집에서 개화사상을 접하였어요. 박규수의 집은 청년들이 모여 나라의 ❶장래를 고민하고 박규수에게 개화사상을 배우는 장소였지요. 김옥균은 여기에서 만난 젊은 개화 사상가들을 이끌고 모임을 만들었는데, 이러한 사람들의 집단을 ❷급진 개화파라고 불러요.

　벼슬길에 나아간 김옥균은 사절단으로 일본을 방문하였다가, 일본의 발전된 모습을 보고 무척 놀랐어요. 그는 조선이 발전하려면 일본처럼 나라의 문을 활짝 열고, 서양의 기술뿐만 아니라 사상과 제도까지 받아들여야 한다고 생각하게 되었지요. 김옥균은 일본을 본받아 급진적인 개화 정책을 ❸추진하고자 고종을 설득하였어요.

　그러나 당시 조선은 청나라의 정치적 ❹간섭을 받고 있었어요. 청나라와 친한 관리들은 청나라를 본받아 ❺점진적인 개화를 하자고 주장하였는데, 이들을 온건 개화파라고 불러요. 개화의 방법에 대한 입장이 달랐던 급진 개화파와 온건 개화파는 대립하였고, 급진 개화파는 점차 정치의 중심에서 밀려나게 되었답니다.

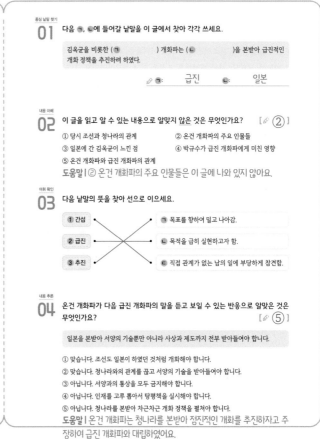

❶ 장래: 다가올 앞날
❷ 급진: 목적을 급히 실현하고자 함.
❸ 추진: 목표를 향하여 밀고 나아감.
❹ 간섭: 직접 관계가 없는 남의 일에 부당하게 참견함.
❺ 점진적: 조금씩 앞으로 나아감.

076쪽
077쪽

중심 낱말 찾기
01 다음 ㉠, ㉡에 들어갈 낱말을 이 글에서 찾아 각각 쓰세요.

> 김옥균을 비롯한 (㉠) 개화파는 (㉡)을 본받아 급진적인 개화 정책을 추진하려 하였다.

　✎ ㉠　급진　　㉡　일본

내용 이해
02 이 글을 읽고 알 수 있는 내용으로 알맞지 않은 것은 무엇인가요? [✎ ②]

① 당시 조선과 청나라의 관계
② 온건 개화파의 주요 인물들
③ 일본에 간 김옥균이 느낀 점
④ 박규수가 급진 개화파에게 미친 영향
⑤ 온건 개화파와 급진 개화파의 관계
도움말 | ② 온건 개화파의 주요 인물들은 이 글에 나와 있지 않아요.

어휘 확인
03 다음 낱말의 뜻을 찾아 선으로 이으세요.

1 간섭　　　　　　　　　　㉠ 목표를 향하여 밀고 나아감.
2 급진　　　　　　　　　　㉡ 목적을 급히 실현하고자 함.
3 추진　　　　　　　　　　㉢ 직접 관계가 없는 남의 일에 부당하게 참견함.

내용 추론
04 온건 개화파가 다음 급진 개화파의 말을 듣고 보일 수 있는 반응으로 알맞은 것은 무엇인가요? [✎ ⑤]

> 일본을 본받아 서양의 기술뿐만 아니라 사상과 제도까지 전부 받아들여야 합니다.

① 맞습니다. 조선도 일본이 하였던 것처럼 개화해야 합니다.
② 맞습니다. 청나라와의 관계를 끊고 서양의 기술을 받아들여야 합니다.
③ 아닙니다. 서양과의 통상을 모두 금지해야 합니다.
④ 아닙니다. 인재를 고루 뽑아서 탕평책을 실시해야 합니다.
⑤ 아닙니다. 청나라를 본받아 차근차근 개화 정책을 펼쳐야 합니다.
도움말 | 온건 개화파는 청나라를 본받아 점진적인 개화를 추진하자고 주장하여 급진 개화파와 대립하였어요.

---

2 갑신정변을 주도하다

　김옥균을 비롯한 급진 개화파는 정치의 중심에서 밀려나자 위기감을 느꼈어요. 급진 개화파는 온건 개화파의 관리들을 ❶제거하고, 청나라의 간섭에서 벗어나야겠다고 마음먹었지요. 당시 청나라와 ❷대립하고 있었던 일본도 급진 개화파를 도와주기로 약속하였어요.

　급진 개화파는 군사를 일으켜 온건 개화파 관리들을 죽이고 새로운 정부를 세웠어요. 그리고 자신들이 꿈꾸는 나라를 만들기 위한 14가지의 개혁안을 발표하였어요. 이 사건은 갑신년인 1884년에 일어났다고 해서 갑신 ❸정변이라고 불려요.

　그러나 급진 개화파의 개혁은 3일 만에 끝나고 말았어요. 청나라의 군대가 예상보다 빨리 들이닥쳤고, 일본은 급진 개화파를 돕겠다는 약속을 지키지 않았기 때문이에요. 결국 급진 개화파는 대부분 청군에 붙잡혀 죽임을 당하였어요. 김옥균은 간신히 일본으로 도망쳤지만, 훗날 조선 정부가 보낸 ❹자객에 의해 살해당하였지요. 옛 조선을 고쳐 새로운 조선을 만들고 싶었던 김옥균의 ❺시도는 이렇게 좌절되었어요.

　김옥균의 노력은 근대적 조선을 만들고자 하였다는 점에서 높이 평가받아요. 하지만 ㉠ 나라를 위기로 몰아넣었다는 비판을 받기도 한답니다.

❶ 제거: 없애 버림.
❷ 대립: 의견이나 처지가 서로 반대됨. 또는 그런 관계
❸ 정변: 무력으로 정권을 빼앗는 등 비합법적인 수단으로 생긴 정치상의 큰 변동
❹ 자객: 사람을 몰래 죽이는 일을 전문으로 하는 사람
❺ 시도: 어떤 것을 이루려고 계획하거나 행동함.

078쪽
079쪽

중심 낱말 찾기
05 다음에서 설명하는 사건을 이 글에서 찾아 쓰세요.

> 김옥균을 비롯한 급진 개화파가 온건 개화파를 몰아내고 새로운 정부를 세우기 위해 일으킨 정변이다. 이 정변은 청나라 군대의 진압으로 3일 만에 실패로 돌아갔다.

　✎ 갑신정변

내용 이해
06 이 글의 내용과 일치하면 ○, 일치하지 않으면 ×에 표시하세요.

1 급진 개화파는 일본의 도움을 받아 개혁에 성공하였다. [○ / ⓧ]
2 김옥균을 비롯한 급진 개화파는 1884년 갑신정변을 일으켰다. [ⓞ / ×]

일본은 급진 개화파를 돕겠다는 약속을 어겼어요.

어휘 확인
07 다음 문장의 빈칸에 들어갈 낱말을 보기 에서 찾아 쓰세요.

　보기
　　　대립　　시도　　제거

1 나는 그 일을 (시도)도 안 하고 포기해 버렸다.
2 냉장고 냄새를 (제거)하기 위해 청소를 하였다.
3 두 사람은 의견 (대립)이/가 심해서 좀처럼 화해하지 않았다.

내용 추론
08 김옥균이 ㉠과 같은 평가를 받는 까닭으로 알맞은 것은 무엇인가요? [✎ ⑤]

① 14가지의 개혁안을 발표하였기 때문에
② 청나라의 간섭에서 벗어나고자 하였기 때문에
③ 서양의 기술과 사상을 받아들이려고 하였기 때문에
④ 조선 정부가 보낸 자객에 의해 살해당하였기 때문에
⑤ 일본을 등에 업고 정변을 일으켜 나라를 큰 혼란에 빠뜨렸기 때문에
도움말 | 김옥균이 갑신정변을 일으키면서 일본을 등에 업고, 정치적으로 혼란스럽게 한 점은 비판받을 수 있는 부분이에요.

19 전봉준

1 동학 농민 운동을 이끌다

글을 읽으면서 중요하다고 생각하는 낱말에 색칠해 보세요.

전봉준이 살았던 시기 조선은 안팎으로 어려움을 겪었어요. 나라 곳곳에서 탐관오리가 횡포를 부렸고, 서양 세력들은 조선을 두고 경쟁하였지요. 살기 어려운 세상에서 동학은 백성들에게 희망을 준 종교였어요. 사람을 하늘처럼 섬기라는 동학의 가르침은 전봉준에게도 새로운 사회를 만들 수 있다는 ¹희망을 주었답니다.

전봉준은 전라도 고부 지역 동학의 책임자가 되었어요. 그는 고부 지역의 ²군수인 조병갑의 횡포가 심해지자, 1894년 1월 분노한 농민들을 이끌고 고부 ³관아로 쳐들어갔어요. 그리고 나서 창고의 곡식들을 농민들에게 나누어 주고, 죄 없이 옥에 갇힌 사람들도 풀어 주었어요. 하지만 상황은 나아지지 않았어요.

1894년 3월 전봉준은 농민군을 모아 다시 봉기하였는데, 이들 중에는 ⁴동학교도들도 있었어요. 전봉준은 손화중, 김개남과 함께 동학 농민군을 이끌었어요. 1만여 명에 가까운 동학 농민군은 ⁵관군과 싸워 전라도 일대를 장악하고 마침내 전주성까지 점령하였어요. 놀란 조선 정부는 청나라에 군대를 요청하였지요. 그런데 청군이 조선에 도착하자, 일본도 조선으로 군대를 보냈답니다.

포역한 것을 물리치고 백성을 구원하자!

---

¹ 희망: 앞으로 잘될 수 있는 가능성
² 군수: 조선 시대에 둔, 지방 행정 단위인 군의 으뜸 벼슬
³ 관아: 예전에, 벼슬아치들이 모여 나랏일을 처리하던 곳
⁴ 동학교도: 동학을 믿는 사람이나 그 무리
⁵ 관군: 예전에, 국가에 소속되어 있던 정규 군대

---

01 다음 ㉠, ㉡에 들어갈 낱말을 이 글에서 찾아 각각 쓰세요.

고부 지역의 군수인 (㉠)의 횡포를 견디다 못한 전봉준과 농민들은 고부 관아로 쳐들어갔다. 하지만 상황이 나아지지 않자 전봉준은 손화중, 김개남과 함께 동학 농민군을 이끌고 봉기하여 (㉡)까지 점령하였다.

✎ ㉠: 조병갑   ㉡: 전주성

내용 이해
02 다음 빈칸에 들어갈 내용으로 알맞은 것은 무엇인가요? [✎ ②]

동학 농민군이 전주성을 점령하자, 조선 정부는 청나라에 도움을 요청하였다. 청나라의 군대가 조선에 도착하자, _____

① 동학이 창시되었다.   ② 일본이 조선에 군대를 보냈다.
③ 조병갑이 고부 군수가 되었다.   ④ 농민들이 고부 관아로 쳐들어갔다.
⑤ 전봉준이 전라도 고부 지역 동학의 책임자가 되었다.

도움말 | 청나라 군대가 조선에 도착하자, 일본도 군대를 보냈어요.

어휘 확인
03 다음 뜻을 나타내는 낱말을 쓰세요.

① 앞으로 잘될 수 있는 가능성 희 망
② 예전에, 국가에 소속되어 있던 정규 군대 관 군
③ 예전에, 벼슬아치들이 모여 나랏일을 처리하던 곳 관 아

중심 내용 찾기
04 이 글의 중심 내용으로 알맞은 것은 무엇인가요? [✎ ③]

① 조선의 관군은 힘이 세지 않았다.
② 전봉준은 외국 세력을 몰아내고자 하였다.
③ 전봉준이 동학 농민군을 이끌고 봉기하였다.
④ 전봉준이 살았던 시기에 동학이 확산되었다.
⑤ 조선 말기에는 탐관오리의 횡포가 심하였다.

---

2 일본을 몰아내기 위한 재봉기

조선 땅에 청나라와 일본 군대가 주둔하자, 조선 정부는 동학 농민군에게 ⁶화약을 맺을 것을 제안하였어요. 동학 농민군은 정부와 전주 화약을 ⁷체결한 후, 자신들의 개혁안을 실시할 것을 정부로부터 약속받고 스스로 해산하였어요. 이후 동학 농민군은 자신들이 사는 전라도 각 지역에 집강소라는 ⁸자치 행정 기구를 설치하고 이를 통해 개혁을 추진하며 스스로 마을을 다스렸어요.

한편, 동학 농민군이 해산하였는데도 청군과 일본군은 물러가지 않았어요. 심지어 일본군은 경복궁을 점령하고 조선의 정치에 간섭하기 시작하였지요. 그리고 청나라의 군대를 공격하여 청일 전쟁을 일으켰어요.

전봉준을 비롯한 동학 농민군은 일본군을 몰아내기 위해 1894년 9월 다시 봉기하였어요. 하지만 좋은 무기를 가진 관군과 일본군에게 질 수밖에 없었지요. 전봉준은 부하의 ⁹밀고로 체포되었는데, 이때 크게 다쳐 가마에 실려 재판장으로 나왔어요. 재판의 결과 전봉준은 처형되었지만, 그가 이끈 동학 농민 운동은 조선 사회를 개혁하고 ¹⁰외세를 몰아내기 위해 노력하였다는 점에서 의미가 있답니다.

백성이 편안한 나라가 어서 와야 할 텐데.

---

⁶ 화약: 화목하게 지내자는 약속
⁷ 체결: 계약이나 조약 따위를 공식적으로 맺음.
⁸ 자치: 자기 일을 스스로 다스림.
⁹ 밀고: 남몰래 일러바침.
¹⁰ 외세: 외국의 세력

---

05 다음에서 설명하는 기구를 이 글에서 찾아 쓰세요.

동학 농민 운동을 벌인 동학 농민군이 전라도 각 지역에 설치한 자치 행정 기구이다.

✎ 집강소

내용 이해
06 전봉준이 이끈 동학 농민군에 대한 설명으로 알맞지 않은 것은 무엇인가요? [✎ ④]

① 조선 사회를 개혁하고자 하였다.
② 조선 정부와 전주 화약을 맺었다.
③ 일본을 몰아내기 위해 다시 봉기하였다.
④ 경복궁을 점령하고 조선의 정치에 간섭하였다.
⑤ 전라도 각 지역에 자치 행정 기구를 설치하였다.

도움말 | ④는 일본군에 대한 설명이에요.

어휘 확인
07 다음 낱말의 뜻을 찾아 선으로 이으세요.

① 밀고 ———— ㉠ 남몰래 일러바침.
② 자치 ———— ㉡ 자기 일을 스스로 다스림.
③ 체결 ———— ㉢ 계약이나 조약 따위를 공식적으로 맺음.

내용 추론
08 다음은 동학 농민군이 요구하였던 개혁안의 내용이에요. 이를 통해 알 수 있는 동학 농민 운동의 성격으로 알맞은 것은 무엇인가요? [✎ ⑤]

• 백성들의 재산을 빼앗는 탐관오리들을 처벌할 것
• 과부의 재혼을 허용하고 노비 문서를 불태울 것

① 고종을 몰아내려 하였다.   ② 조병갑을 내쫓으려 하였다.
③ 조선을 무너뜨리려 하였다.   ④ 청나라를 물리치려 하였다.
⑤ 조선 사회를 개혁하려 하였다.

도움말 | 제시된 개혁안은 당시 조선 사회의 문제점을 해결하기 위한 것들이에요.

20 서재필

1 독립신문을 창간하다

글을 읽으면서 중요하다고 생각하는 낱말에 색칠해 보세요.

㉮ 서재필은 개화 사상가로, 스무 살이 되던 해 갑신정변에 참여하였어요. 하지만 갑신정변은 3일 만에 실패로 끝나고 말았지요. 이로 인해 서재필은 ❶역적이 되어 간신히 일본으로 도망갔다가, 다시 미국으로 건너갔어요. 그는 미국에서 일과 공부를 같이 하며 고단한 시간을 보낸 끝에 의사가 되었어요. 그러던 중 자신에게서 역적의 죄명이 벗겨졌다는 소식을 듣고, 서재필은 다시 조선에 돌아왔답니다.

㉯ 서재필은 강대국들의 위협에서 나라를 지켜 조선이 ❷독립을 이루어야 한다고 생각하였어요. 이를 위해서는 무엇보다 국민들을 교육하여 ❸계몽하는 것이 중요하다고 판단하였어요. 그래서 서재필은 우리나라 최초의 ❹민간 신문인 독립신문을 ❺창간하였습니다.

㉰ 당시의 지배층은 한문을 진짜 글자라고 생각하여 한글을 무시하였어요. 하지만 서재필은 ㉠ 순한글로 독립신문을 만들었지요. 독립신문은 영어로도 만들어져 외국인들에게 우리나라의 소식을 알리는 역할도 하였어요. 독립신문은 조선 사람들의 애국심을 키우고 근대화 사상을 일깨우는 데 큰 역할을 하였답니다.

❶ 역적: 통치자에게서 나라를 다스리는 권한을 빼앗으려고 한 사람
❷ 독립: 남의 지배 아래 매여 있거나 의존하지 않는 독자적 상태가 됨.
❸ 계몽: 지식수준이 낮은 사람을 가르쳐서 깨우침.
❹ 민간: 일반 백성들 사이란 뜻으로, 관청이나 정부 기관에 속하지 않음.
❺ 창간: 신문의 첫 번째 호를 펴냄.

중심 낱말 찾기
01 각 문단의 중심 낱말을 찾아 쓰세요.

㉮문단: 갑 신 정 변 에 참여한 후 미국으로 건너간 서재필
㉯문단: 조선에서 민간 신문인 독 립 신 문 을 창간한 서재필
㉰문단: 조 선 사람들의 애국심을 키우고 근대화 사상을 일깨운 독립신문

084쪽
085쪽

내용 이해
02 서재필에 대한 설명으로 알맞지 않은 것은 무엇인가요? [✎ ④]

① 갑신정변에 참여하였다.
② 독립신문을 창간하였다.
③ 미국에서 의사가 되었다.
④ 역적의 죄명이 끝내 벗겨지지 않았다.
⑤ 국민들을 계몽하는 것이 중요하다고 생각하였다.
도움말 | ④ 서재필은 미국에 있을 때 자신에게서 역적의 죄명이 벗겨졌다는 소식을 들었어요.

어휘 확인
03 다음 뜻을 나타내는 낱말을 쓰세요.

❶ 신문의 첫 번째 호를 펴냄. 창 간
❷ 통치자에게서 나라를 다스리는 권한을 빼앗으려고 한 사람 역 적
❸ 남의 지배 아래 매여 있거나 의존하지 않는 독자적 상태가 됨. 독 립

내용 추론
04 ㉠의 효과로 알맞은 것은 무엇인가요? [✎ ⑤]

① 강대국들의 위협에서 벗어날 수 있었다.
② 외국인들에게 우리나라의 소식을 알렸다.
③ 조선 사람들의 외국어 실력을 향상시켰다.
④ 당시 지배층이 한문 대신 한글을 쓰게 되었다.
⑤ 한문을 모르는 국민들도 쉽게 신문을 읽을 수 있었다.
도움말 | 독립신문이 순 한글로 만들어져서 한문을 몰랐던 대다수 국민들도 쉽게 신문을 읽을 수 있었을 거예요.

2 독립 협회를 이끌다

독립신문을 통해 계몽 운동을 펼치던 서재필은 독립 협회도 이끌었어요. 독립 협회는 서재필을 비롯한 개화 지식인들이 모여 만든 단체였지요. 독립 협회는 외세의 침략에 맞서기 위한 정치적, 사회적 활동을 펼쳐 나갔어요.

독립 협회는 국민 ❻성금을 모아 영은문을 헐고 독립문을 세웠어요. 영은문은 조선 시대에 중국 사신을 모시기 위해 세웠던 문이에요. 이를 허물고, 외국의 간섭을 받지 않는 독립국 조선의 ❼상징으로 독립문을 세운 것이지요.

또한 독립 협회는 서울 종로에서 만민 공동회를 열어 조선에서 각종 ❽이권을 빼앗아 가던 외세에 맞섰어요. 만민 공동회는 모든 사람이 함께 모였다는 뜻으로, 독립 협회가 ❾주최한 ❿집회예요. 이 집회에 모인 수천 명의 사람들은 강대국들의 경제적 침략을 강력히 비판하였어요.

이와 같은 서재필과 독립 협회의 활동은 국민들에게 독립 정신을 일깨웠어요. 그러나 조선 정부와 강대국들의 탄압을 받은 서재필은 미국으로 떠나게 되었고, 독립 협회도 곧 해산당하고 말았지요. 하지만 이후에도 서재필은 미국에서 우리나라의 독립을 위해 끊임없이 노력하였답니다.

강대국들이 조선이 경제적 이익을 얻을 수 있는 권한을 빼앗아가고 있습니다!

❻ 성금: 정성으로 내는 돈
❼ 상징: 추상적인 개념이나 사물을 구체적인 사물로 나타냄.
❽ 이권: 이익을 얻을 수 있는 권리
❾ 주최: 행사나 모임을 주장하고 기획하여 엶.
❿ 집회: 여러 사람이 어떤 목적을 위하여 일시적으로 모임.

중심 낱말 찾기
05 다음에서 설명하는 낱말을 이 글에서 찾아 쓰세요.

독립 협회에서 영은문을 헐고 그 자리에 독립국 조선의 상징으로 세운 문이다.

✎ 독립문

내용 이해
06 만민 공동회에 대한 설명으로 알맞지 않은 것은 무엇인가요? [✎ ③]

① 서울 종로에서 열렸다.
② 독립 협회에서 주최하였다.
③ 독립문 세우는 일을 논의하였다.
④ 강대국의 경제적 침략을 비판하였다.
⑤ 모임의 이름은 모든 사람이 함께 모였다는 뜻이다.
도움말 | ③ 독립문은 만민 공동회 개최 전에 세워졌어요.

어휘 확인
07 다음 문장의 빈칸에 들어갈 낱말을 토기 에서 찾아 쓰세요.

보기
상징   이권   집회

❶ 십자가는 전통적으로 기독교의 (상징)이/가 되어 왔다.
❷ 환경 단체는 환경 보호를 주장하는 (집회)을/를 열었다.
❸ 강대국들이 조선의 (이권)을/를 빼앗아 가는 것이 심해졌다.

중심 내용 찾기
08 다음 빈칸을 채워 이 글의 내용을 정리해 보세요.

서재필을 비롯한 개화 지식인들은 독 립 협 회 를 만들고 독립문을 세웠으며, 서울 종로에서 만 민 공 동 회 를 개최하여 외세의 침략을 비판하였다.

086쪽
087쪽

01 다음에서 설명하는 사건으로 알맞은 것은 무엇인가요? [✎ ②]

> 능양군의 주도로 광해군을 왕위에서 쫓아내고, 능양군이 새로운 왕으로 즉위한 사건이다.

① 계유정난   ② 인조반정
③ 왕자의 난   ④ 위화도 회군

도움말 | 능양군이 광해군을 왕위에서 쫓아내고 인조로 즉위한 사건을 인조반정이라고 해요.

02 최명길이 중국과의 관계에서 주장한 내용으로 알맞은 것은 무엇인가요? [✎ ①]

① 청나라와 강화해야 한다.
② 청나라를 정복해야 한다.
③ 명나라와 전쟁을 벌여야 한다.
④ 청나라에 항복해서는 안 된다.
⑤ 명나라와의 의리를 지켜야 한다.

도움말 | 최명길은 청나라와 싸우면 나라가 망할 수 있다고 생각하여 청나라와의 강화를 주장하였어요.

03 다음에서 설명하는 사람은 누구인지 쓰세요.

> 조선의 어부로, 일본에 건너가 울릉도와 독도는 일본 땅이 아니라는 공식 문서를 받아 왔다.

                 ✎   안용복

도움말 | 안용복은 일본에 건너가 울릉도와 독도가 조선의 땅임을 확인받았어요.

04 영조의 업적으로 알맞은 것은 무엇인가요? [✎ ②]

① 규장각을 설치하였다.
② 탕평책을 실시하였다.
③ 『경국대전』을 완성하였다.
④ 『성학십도』를 저술하였다.
⑤ 명나라와 후금 사이에서 중립 외교를 펼쳤다.

도움말 | ①은 정조, ③은 성종, ④는 이황, ⑤는 광해군의 활동이에요.

05 다음 중 검색 결과로 알맞지 않은 것은 무엇인가요? [✎ ③]

> ① 수원 화성을 쌓았다.
> ② 사도 세자의 아들이다.
> ③ 『동국문헌비고』를 편찬하였다.
> ④ 영조의 뒤를 이어 왕위에 올랐다.
> ⑤ 상인들의 자유로운 활동을 보장하였다.

도움말 | ③ 『동국문헌비고』는 영조 때 편찬되었어요.

06 다음 밑줄 친 '선행'에 해당하는 활동으로 알맞은 것은 무엇인가요? [✎ ④]

> 정조는 김만덕의 <u>선행</u>을 전해 듣고, 그녀의 소원을 들어주게 하였다. 이에 김만덕은 한양의 궁궐과 금강산을 구경하고 싶다고 하였다.

① 도산 서당에서 학생들을 가르쳤다.
② 『성학집요』를 지어 왕에게 올렸다.
③ 농민들을 위해 대공수미법을 건의하였다.
④ 자신의 재산으로 어려운 사람들을 도왔다.
⑤ 임진왜란 때 의령에서 의병을 조직하였다.

도움말 | 김만덕은 흉년으로 제주 사람들의 생활이 어려워지자, 자신의 재산을 털어 쌀을 사들여 제주 사람들에게 내놓았어요.

07 다음에서 설명하는 인물은 누구인가요? [✎ ②]

> • 『성호사설』이라는 책을 지었다.
> • 실학이 조선 사회에 뿌리내리도록 하였다.
> • 부자들이 무한정으로 토지를 가지지 못하도록 제한하자고 주장하였다.

① 권율   ② 이익
③ 이황   ④ 김정호

도움말 | 이익은 토지 개혁을 주장하였고, 연구 내용을 바탕으로 『성호사설』을 지었어요.

08 다음 보기에서 정약용의 활동을 골라 알맞게 짝지은 것은 무엇인가요? [✏ ①]

> **보기**
> ㉠ 거중기를 만들었다.
> ㉡ 동학을 창시하였다.
> ㉢ 농사 발전을 위한 책을 지었다.
> ㉣ 임진왜란 때 조선의 분조를 이끌었다.

① ㉠, ㉢   ② ㉡, ㉢
③ ㉡, ㉣   ④ ㉢, ㉣

도움말 | ㉡은 최제우, ㉣은 광해군에 대한 설명이에요.

09 박지원이 쓴 책으로 알맞은 것은 무엇인가요?
[✏ ③]

① 『난설헌집』   ② 『동호문답』
③ 『열하일기』   ④ 『흠흠신서』

도움말 | 박지원은 청나라에 다녀와서 기행문인 『열하일기』를 지어 청나라의 발전된 모습을 소개하였어요.

10 박제가가 『북학의』에서 주장한 내용으로 알맞은 것은 무엇인가요? [✏ ③]

① 의병을 양성하여야 한다.
② 공납을 쌀 등으로 통일해서 걷어야 한다.
③ 서양의 문물을 수용한 청나라를 배워야 한다.
④ 후금과 명나라 사이에서 중립을 지켜야 한다.
⑤ 학생들이 성리학을 공부해야 나라가 발전할 수 있다.

도움말 | 박제가는 『북학의』에서 서양의 문물을 받아들인 청나라를 배워야 한다고 주장하였어요.

11 다음 그림들을 그린 조선의 화가는 누구인지 쓰세요.

> • 「무동」   • 「서당」   • 「씨름」

✏ _____ 김홍도

도움말 | 제시된 그림들은 김홍도가 그린 풍속화예요.

12 신윤복이 그린 그림에 대한 설명으로 알맞은 것은 무엇인가요? [✏ ④]

① 서민의 생활 모습을 주로 그렸다.
② 여성을 주제로 한 그림은 그리지 않았다.
③ 풀과 벌레들을 그린 초충도를 많이 남겼다.
④ 남녀 간의 낭만이나 애정을 표현한 그림이 많았다.
⑤ 그림이 그려진 당시 사람들에게 많은 사랑을 받았다.

도움말 | 신윤복은 남녀 간의 낭만이나 애정을 표현한 그림을 많이 그렸어요.

13 김정희의 활동에 대한 설명으로 알맞지 <u>않은</u> 것은 무엇인가요? [✏ ③]

① 청나라에 다녀왔다.
② 추사체라는 글씨체를 만들었다.
③ 다산 초당에서 학문 연구를 하였다.
④ 귀양살이를 하면서 「세한도」를 그렸다.
⑤ 북한산 비석이 신라 진흥왕 순수비임을 밝혔다.

도움말 | ③은 정약용에 대한 설명이에요.

14 다음 지도에 대한 설명으로 알맞은 것은 무엇인가요? [✏ ①]

▲ 대동여지도

① 김정호가 완성하였다.
② 도화서에서 제작되었다.
③ 흥선 대원군의 명령으로 만들었다.
④ 오늘날의 지도와는 다른 점이 많다.
⑤ 청나라에 갔던 사절단이 조선으로 들여왔다.

도움말 | 「대동여지도」는 김정호가 완성하였다고 알려져 있어요.

15 동학에 대한 설명으로 알맞지 <u>않은</u> 것은 무엇인가요? [🖉 ③]

① 서학에 대항하였다.
② 최제우가 창시하였다.
③ 조선 정부의 지원을 받았다.
④ 인간 평등사상을 주장하였다.
⑤ 농민과 천민들에게 환영을 받았다.
도움말 | ③ 조선 정부는 신분제 사회가 흔들릴 것을 염려하여 인간 평등을 주장한 동학을 탄압하였어요.

16 다음 가상 인터뷰의 빈칸에 들어갈 내용으로 알맞은 것은 무엇인가요? [🖉 ④]

> 기   자   최근 척화비를 세우셨는데요. 그 이유는 무엇인가요?
> 흥선 대원군   _____ 을 알리기 위해서 입니다.
> 기   자   이 정책에 병인양요와 신미양요가 영향을 주었나요?
> 흥선 대원군   그렇다고 볼 수 있지요.

① 섭정을 시작한다는 사실
② 경복궁을 새로 짓는 목적
③ 양반에게 세금을 걷는 정책
④ 나라 문을 열지 않겠다는 뜻
⑤ 서양 국가와 통상 수교를 맺은 사실
도움말 | 흥선 대원군이 세운 척화비에는 나라의 문을 절대 열지 않겠다는 뜻이 나타나 있어요.

17 박규수가 흥선 대원군에게 하였을 말로 알맞은 것은 무엇인가요? [🖉 ②]

① 탕평책을 계승하여야 합니다.
② 국제 정세를 볼 때 개화가 필요합니다.
③ 명나라와의 의리를 우선시해야 합니다.
④ 능력 있는 인재들을 규장각에 등용해야 합니다.
⑤ 나라를 다스리는 데 불교를 근본으로 삼아야 합니다.
도움말 | 박규수는 흥선 대원군에게 개화의 필요성을 건의하였어요.

18 급진 개화파에 대한 설명으로 알맞지 <u>않은</u> 것은 무엇인가요? [🖉 ④]

① 갑신정변을 일으켰다.
② 김옥균 등이 속하였다.
③ 서양의 사상과 제도까지 수용하고자 하였다.
④ 청나라처럼 점진적인 개화를 추진하려 하였다.
⑤ 새 정부를 세우고 14가지의 개혁안을 발표하였다.
도움말 | ④는 온건 개화파에 대한 설명이에요. 급진 개화파는 일본처럼 나라의 문을 활짝 열자고 하였어요.

19 다음 보기 의 내용을 일어난 순서대로 기호를 쓰세요.

> **보기**
> ㉠ 전봉준이 부하의 밀고로 체포되었다.
> ㉡ 동학 농민군과 정부가 전주 화약을 맺었다.
> ㉢ 동학 농민군은 전라도 각 지역에 집강소를 설치하였다.
> ㉣ 동학 농민군이 전라도 일대를 장악하고 전주성을 점령하였다.

🖉 ㉣ ▶ ㉡ ▶ ㉢ ▶ ㉠
도움말 | '동학 농민군의 전주성 점령 → 전주 화약 체결 → 집강소 설치 → 전봉준 체포'의 순서로 일어났어요.

20 다음 ㉠~㉤ 중 알맞지 <u>않은</u> 것은 무엇인가요? [🖉 ⑤]

> 서재필은 ㉠ 우리나라 최초의 민간 신문인 독립신문을 만들었다. 이 신문은 ㉡ 순 한글로 발행되는 한편, ㉢ 영어로도 발행되어 외국인들에게 우리나라의 소식을 알리는 역할을 하였다. 서재필은 독립 협회도 이끌었다. 독립 협회는 ㉣ 국민 성금을 모아 독립문을 세웠으며, ㉤ 평양에서 횡포를 부리는 제너럴셔먼호를 불태워 버렸다.

① ㉠ ② ㉡ ③ ㉢ ④ ㉣ ⑤ ㉤
도움말 | ㉤은 박규수의 활동과 관련이 있어요.

memo

memo